भारत

सांस्कृतिक चेतना का अधिष्ठान

भारत
सांस्कृतिक चेतना का अधिष्ठान

बल्देव भाई शर्मा

प्रभात प्रकाशन, दिल्ली
ISO 9001:2008 प्रकाशक

प्रकाशक • **प्रभात प्रकाशन प्रा. लि.**
4/19 आसफ अली रोड,
नई दिल्ली–110002

संस्करण • 2026
मूल्य • चार सौ पचास रुपए
मुद्रक • नरुला प्रिंटर्स, दिल्ली

BHARAT : SANSKRITIK CHETNA KA ADHISHTHAN
by Shri Baldeo Bhai Sharma ₹ 450.00
Published by Prabhat Prakashan Pvt. Ltd., 4/19 Asaf Ali Road, New Delhi-2
e-mail: prabhatbooks@gmail.com ISBN 978-93-5266-547-1

॥ रामो राजमणिः सदा विजयते ॥

मेरे बाबा पं. फूलचंद, जिन्होंने अनपढ़ किसान होते हुए भी संतों की संगति से संस्कृति का विशद् ज्ञान पाया और रामायण, महाभारत, श्रीमद्‌भागवत व नलपुराण के अनेक कथा–प्रसंग मेरी बाल–स्मृतियों में भर दिए। बालपन में उनसे सीखा मनुष्यता व सांस्कृतिक चेतना का यह पाठ ही मेरे जीवन की भावभूमि बना। बाबा की पुण्य स्मृति को सादर समर्पित।

भद्रं पश्यन्ति ऋषयः

मनुस्मृति में मनु महाराज ने भारत और भारतवासियों के जीवनोद्देश्य को परिभाषित करते हुए लिखा है—

एतत्देश प्रसूतस्य सकाशादग्रजन्मना
स्वं स्वं चरितं शिक्षेरन् प्रथिव्या: सर्वमानवा:।

यानी इस देश का जन्म इसलिए हुआ है, ताकि यहाँ के निवासी अपने-अपने श्रेष्ठ मानवीय आचरण के द्वारा समस्त पृथ्वी पर मनुष्यता की शिक्षा दें। वेद में भी हमारे ऋषियों ने इसी संदेश को पुष्ट करते हुए कहा 'मनुर्भव' यानी मनुष्य बनो। प्रलयकाल के बाद जब प्रथम मनुष्य के रूप में मनु महाराज का अवतरण होता है तो वह चारों ओर जल ही जल देखकर पूछते हैं, मुझे यहाँ क्यों भेजा गया है, मुझे करना क्या है? तब उन्हें मिले उत्तर को जयशंकर प्रसाद ने कामायनी में निरूपित करते हुए लिखा है—'ओरों को हँसते देखो मनु/हँसो और सुख पाओ/अपने सुख को विस्तृत कर लो/जग को सुखी बनाओ।'

यही मनुष्यता का मंत्र है कि दूसरों की भलाई के लिए जियो, दूसरों के सुख की परवाह करते हुए जियो। ऋग्वेद में उल्लेख है 'भद्रं इच्छन्ति ऋषभः', ऋषि लोककल्याण की कामना से जीवन जीते हैं। लोकहित के लिए सोचना और कर्म करना यही ऋषि की पहचान है। इसीलिए भारत को ऋषि-परंपरा का देश कहा जाता है। यह उन्हीं ऋषियों का उद्घोष है—सर्वे भवन्तु सुखिनः/सर्वे सन्तु निरामया/सर्वे भद्राणि पश्यन्तु/मा कश्चिद् दुखभागभवेत्। यानी सब सुखी हों, सब निरोग हों, सब एक-दूसरे की भलाई में रत रहे, किसी के कारण किसी को दुख न पहुँचे।

यह भाव ही भारतीय संस्कृति की पहचान है। इस सांस्कृतिक चेतना से गढ़े गए भारतीय जीवन-मूल्य वैश्विक चेतना और मनुष्यता के पोषक हैं। पंडित दीनदयाल उपाध्याय ने संस्कृति की बड़ी सरल परिभाषा बताई है। वे कहा करते थे—खुद कमाना और खाना प्रकृति है और दूसरों का छीनकर खाना विकृति है, लेकिन खुद कमाना और दूसरों को खिलाना संस्कृति है। भारत की संस्कृति इसी भावबोध का विस्तार है। हमारी ऋषि-परंपरा को आगे बढ़ाने वाले आद्य शंकराचार्य से लेकर संत तुलसीदास तक ने इसी सांस्कृतिक चेतना को परिपुष्ट किया है। इस तरह भारत विश्व को सुख-शांति-सद्‌भाव का मार्ग दिखानेवाली सांस्कृतिक चेतना का अधिष्ठान बन गया।

भारत को जानना है तो इस संस्कृति के मर्म को जानना-समझना पड़ेगा। इसे 'सरवाइवल ऑफ द फिटैस्ट' जैसी पाश्चात्य या 'वर्ग संघर्ष' जैसी कम्युनिस्ट अवधारणाओं से नहीं जाना-समझा जा सकता, जो देश की स्वाधीनता के बाद भी सत्ता का संरक्षण पाकर औपनिवेशिक मानसिकता को पाल-पोसकर भारतीयता के विरुद्ध खड़ा करने में लगी रही हों। यह पूरी जमात 'लोग आते गए, कारवाँ बनता गया' जैसे जुमलों की आड़ में भारत की सांस्कृतिक पहचान को ही मिटाने का कुचक्र रचती रही हैं। जबकि विश्वविख्यात विद्वान् अर्नाल्ड टायन्बी अपनी पुस्तक 'द स्टडी ऑफ हिस्ट्री' में भारत के इन्हीं सांस्कृतिक मूल्यों को विनाश के कगार पर खड़ी मानवता को बचाने का विकल्प मानते हैं।

प्रभात प्रकाशन के संरक्षक श्री श्यामसुंदरजी का मैं हृदय से कृतज्ञ हूँ कि भारत के राष्ट्रीय-सांस्कृतिक संवाद की अभिव्यक्ति बने उनके यशस्वी प्रकाशन संस्थान की शृंखला में एक कड़ी मैं भी बन सका। मैं तो 'लिख दिया और भूल गया' की प्रकृति का हूँ। लिखे को सहेजकर रखना सीखा नहीं। मेरी पत्नी अलकाजी का ही यह बूता है कि मेरे सर्वप्रथम लिखे से आज तक का सब उन्होंने सँभालकर रखा है। आश्चर्य यह कि मुझे इसका पता भी नहीं। आधा दर्जन से ज्यादा शहरों में अखबारों में काम करते हुए यहाँ से वहाँ जाते हुए अदला-बदली में कितना कुछ सामान उलट-पुलट हो जाता है, फिर मिलता ही नहीं। लेकिन हर चीज को सदा सहेजकर रखना सामान हो या रिश्ते, यह कोई अलकाजी से सीखे। उन्होंने ही इस पुस्तक को पूर्ण करने में प्रमुख भूमिका

निभाई और अपने खजाने से ढूँढ़-ढूँढ़कर ये लेख दिए। इस पुस्तक का प्रकाशन हो या मेरी करीब 35 वर्षों की पत्रकारिता की कठिन राह, अलकाजी का निस्पृह सान्निध्य ही सदा मेरा संबल रहा है।

अलकाजी के आत्मीय भाव के प्रति कैसे आभार जताऊँ, यह संकोच है। इन आलेखों में प्रस्तुत मेरे विचारों से भारत की राष्ट्रीयता, संस्कृति और मानवीय चेतना का बोध भारतीय जन-मन में किंचित् भी विस्तार पा सके तो मेरा लिखना सार्थक होगा।

—बल्देव भाई शर्मा

'अनुग्रह'
जी 508, अजनारा इंटेग्रिटी
राजनगर एक्सटेंशन
गाजियाबाद (उ.प्र.)

मार्गशीर्ष शुक्ल अष्टमी
विक्रमी 2074
27 नवंबर, 2017

अनुक्रम

राष्ट्रीय एकता के सूत्रधार आचार्य शंकर

कश्मीर हो या पंजाब अथवा असम, चारों तरफ भारत में आज फिर विभाजक व अलगाववादी राजनैतिक किंवा सांप्रदायिक शक्तियाँ सिर उठा रही हैं। देश के समक्ष एक गंभीर खतरा उपस्थित हुआ है। एक प्रश्न निरंतर विकराल होकर सबको चिंतित व भयग्रस्त कर रहा है कि भारत एक रहेगा या टुकड़ों में बँट जाएगा? भाषा, संप्रदाय, प्रांत, राजनीति सब द्वंद्व का कारण बन गए हैं। ऐसी विषम परिस्थिति में आदिशंकराचार्य द्वारा दिखाया गया विराट् तत्त्व से जुड़ी सनातन भावनात्मक व सांस्कृतिक एकता का मार्ग ही एकमात्र समाधान है। उनका 'अद्वैतवाद' ही हमें सिखा सकता है कि नाना अवयवों से युक्त होने पर भी जैसे हमारा शरीर एक है और अभिन्न भी, ठीक वैसे ही यह देश, यह संस्कृति भी एक और अभिन्न है।

बारह सौ वर्ष पहले जब शंकराचार्य का जन्म हुआ, तब बौद्ध धर्म का ह्रास हो रहा था। धर्म के नाम पर अनाचार फैल रहा था, बौद्ध धर्म को राज्याश्रय देनेवाली केंद्रीय सत्ता अहिंसा के गलत अर्थ प्रयोग के कारण निर्बल हो रही थी। अनेक वर्षों तक राज्याश्रय का उपभोक्ता होने के कारण सत्ता की चाह बौद्धों को लग चुकी थी। वे सत्ता को हाथ से जाने नहीं देना चाहते थे। विरोधियों ने इन स्थितियों का लाभ उठाया, ढलती हुई बौद्ध सत्ता का उन्नायक बनकर उन्होंने भारत में प्रवेश किया। कुछ भारतीय बौद्धों ने सत्ता के लोभ में अपने-पराए का विवेक खोकर उनका सत्कार किया, उनके साथ सब प्रकार का सहयोग किया। प्रखर राष्ट्रीयता का पोषक हिंदू समाज इसे सहन न कर सका और कुमारिल भट्ट द्वारा प्रज्वलित चिनगारी शंकराचार्य के रूप में दावानल बनकर प्रगट हुई।

धर्म की रक्षा हुई, देश की रक्षा हुई। स्वामी शंकराचार्य ने बुद्ध को अवतारों में स्थान देकर बौद्धों की केंद्रापगामी दृष्टि फेर दी। फिर घर-घर में देशधर्म का गुंजन प्रारंभ हो गया।

शंकराचार्य भारतवर्ष के अवतारी पुरुषों में से एक थे। हमारे राष्ट्र- जीवन की रचना में उनका बहुत बड़ा हाथ है। धर्म और तत्त्वज्ञान के क्षेत्र में उनका स्थान अत्यंत उच्च है। आत्मा की महनीयता, भावों की शांतता, मस्तिष्क की दृढ़ता तथा बुद्धि की तीक्ष्णता में वे अप्रतिम थे। उनके विचार उदात्त थे, उनकी प्रतिभा सर्वतोमुखी थी, उनका तर्क सूक्ष्म तथा उनका तात्विक दृष्टिकोण सर्वग्राही था। इसमें कौन उनकी समानता करेगा ?

उनका जीवनादर्श साहस और शक्ति से परिपूर्ण था, जिसने संपूर्ण समाज में जीवन और चेतना भर दी, केवल आठ वर्ष की आयु में संन्यास ग्रहण कर तीन-तीन बार पूरे देश का पैदल भ्रमण कर, उसकी समस्याओं और स्थितियों को भलीभाँति समझकर उनका सटीक और शाश्वत समाधान प्रतिपादित कर मात्र बत्तीस वर्ष की आयु में देह त्याग सचमुच साहस, शक्ति व बुद्धिमत्ता का अनोखा व आदर्श संगम है। उन्होंने समाज के भिन्न-भिन्न मत, तत्त्व और संप्रदायों की मूलभूत एकता को जिस प्रकार तर्कशुद्ध और आकर्षक रूप में रखा तथा उसके द्वारा राष्ट्र की समस्याओं को जिस निष्पक्षता से सुलझाया, वह आज भी राष्ट्र की एकता व अखंडता के लिए इस संकटकाल में उतना ही प्रासंगिक व अनुकरणीय है। क्या घटिया राजनीतिक सोच से ऊपर उठकर हमारे राजनेता, जो रोज 'देश की एकता अखंडता खतरे में है' का रोना रोते रहते हैं इस ओर दृष्टिपात करेंगे ? उन्हें यह समझना होगा कि एकता के लिए राजनैतिक नहीं; सांस्कृतिक प्रयत्न आवश्यक हैं, जिन्हें वे पूरी तरह नजरंदाज कर रहे हैं। क्योंकि राजनीति समाज को तोड़ती है और संस्कृति सबको जोड़ती है। गत 1200 वर्ष का इतिहास इसका साक्षी है।

शंकराचार्य ने समस्त राष्ट्र को एक सूत्र में पिरोने एवं उसे संगठित करने का प्रयास किया। देश के चारों कोनों पर चार धामों के प्रति श्रद्धा केंद्रित करते हुए उन्होंने चार पीठों उत्तर में ज्योतिर्पीठ, दक्षिण में श्रृंगेरी पीठ, पूरब में शारदा पीठ और पश्चिम में गोवर्धन पीठ की स्थापना कर बदरीनाथ से लेकर रामेश्वरम्

तक व द्वारकापुरी से लेकर कामरूप तक राष्ट्र की एकात्म संस्कृति को प्रतिष्ठित किया। इस प्रकार उन्होंने एक राष्ट्र भारतवर्ष की, अखंड मातृभूमि की पुण्य प्रतिमा जन-जन के हृदय में स्थित कर दी। पंचायन का पूजन प्रारंभ कर विष्णु, शिव, गणपति, सूर्य और शक्ति को एक ब्रह्म (अद्वैत) के रूप में प्रतिष्ठित कर विभिन्न संप्रदायों को एक-दूसरे के प्रति सहिष्णुता व आदर का पाठ पढ़ाया।

जो लोग, जिनमें कई प्रधानमंत्री स्तर तक के नेता भी शामिल हैं, कहते हैं कि "राष्ट्रीय एकता हमें अंग्रेजों ने सिखाई, अंग्रेजों ने ही भारत को एक राष्ट्र के सूत्र में पिरोया" उन्हें भारत के इतिहास को पूरी ईमानदारी से एक बार फिर पढ़ना चाहिए और इसके पूर्व राज्य और राष्ट्र का अंतर भी समझना चाहिए। राष्ट्र एक विशुद्ध सांस्कृतिक अवधारणा है, इसीलिए जब भारत में सैकड़ों छोटी-बड़ी रियासतें थीं, तब भी राष्ट्र के रूप में भारत एक था, क्योंकि हमारे शास्त्रकारों द्वारा अंग्रेजों के आगमन से हजारों वर्ष पूर्व ऋग्वेद में लिखा—'राष्ट्रे वयं जाग्रयाम् पुरोहिताः।' कविकुलगुरु कालिदास ने तो 'पृथिव्याः समुद्रपर्यंतै भारतः एक राष्ट्रः' जैसी स्पष्ट संकल्पना ही प्रस्तुत कर दी। यही संकल्पना शताब्दियाँ गुजर जाने के बाद भी पीढ़ी-दर-पीढ़ी भारतवासियों को जोड़े रही। आज भी देश के किसी भी कोने में बैठकर स्नान करनेवाला सामान्य सा व्यक्ति, जो विद्वत्ता की कसौटी पर कहीं नहीं ठहरता, बाल्टी में से भरकर लोटा सिर पर ढारते ही बोलता है—

गंङ्गे च यमुने चैव गोदावरी सरस्वती,
नर्मदे सिन्धु कावेरी जलेऽस्मिसन्निधिंकुरु।

वह घर बैठे ही उत्तर से लेकर दक्षिण तक की सभी प्रमुख और पवित्र नदियों का आह्वान करता है कि वे स्नान के जल में समाहित हों। वास्तव में इस भावना में छिपा है राष्ट्र की एकता का निहितार्थ। जगद्‌गुरु आद्यशंकराचार्य ने यह परंपरा शुरू कराई कि धुर उत्तर से निकलनेवाली 'गंगा' का जल बिल्कुल दक्षिणी छोर पर स्थित 'रामेश्वरम्' पर चढ़ाने से ही ईश-आराधना पूर्ण होगी। उत्तर और दक्षिण को जोड़नेवाला इतना सहज संस्कार क्या राजनीति दे पाई?

भारतीय राष्ट्र जीवन में भगवान् कृष्ण के बाद आदिशंकराचार्य का ही आविर्भाव राष्ट्र की मूलभूत एकता को व्यावहारिक स्वरूप देने में समर्थ हुआ।

श्रीकृष्ण ने गीता के द्वारा भिन्न-भिन्न विचारधाराओं में एकात्मता निर्माण करने का प्रयत्न किया तथा राष्ट्र की इस एकात्मता को धर्मराज युधिष्ठिर ने चक्रवर्ती साम्राज्य के रूप में स्थापित किया। आचार्य शंकर ने यद्यपि धर्मराज के समान किसी राजनैतिक महापुरुष को भारतीय एकता का प्रतीक नहीं बनाया, किंतु राष्ट्र जीवन के प्रत्येक क्षेत्र में एकता का निर्माण करके तथा उस एकता के संस्कारों को ढालनेवाली परंपरा को पुष्ट करके, जो सांस्कृतिक जीवन की एकात्मता को शक्ति दी है, उसके कारण आज तक छिन्न-विछिन्न होने पर भी भारत आंतरिक एकता को सत्यसृष्टि में परिणत करने को लालायित है। 'अनेक में एक' के अपने प्राचीन सिद्धांत को आचार्य शंकर ने ही आत्मिक, भौतिक, नैतिक, धार्मिक, सामाजिक और राजनैतिक क्षेत्रों में अपने अद्वैत के सिद्धांत का प्रतिपादन करके व्यावहारिक जगत् में प्रस्तुत किया। यही सिद्धांत मानवमात्र की एकता, शांति और कल्याण का कारण होगा। उनके इस 'एकत्व के सिद्धांत' को अपनाकर ही भारत को पुनरपि अखंड राष्ट्र के रूप में उन्नत, वैभवशाली एवं शक्ति-सामर्थ्य से संपन्न बनाकर खड़ा किया जा सकता है।

आचार्य शंकर ने जिस 'अद्वैत वेदांत' का व्यावहारिक प्रयोग शुरू किया, वह प्राणिमात्र में समत्व व एकत्व बुद्धि जाग्रत् करता है। आज विश्व के विचारक भी एकमत से 'अद्वैत वेदांत' का सभी विभेदों को समाप्त कर सामंजस्य के सृष्टा के रूप में अध्ययन कर रहे हैं।

राष्ट्रीय एकता को जब तक मजहबी मान्यताओं और सत्ता-स्वार्थों के सीमित दायरे में कैद करके देखा जाता रहेगा, तब तक कश्मीर, पंजाब और असम इसी तरह जलता रहेगा, दूसरी ओर कोल्हानिस्तान और तरह-तरह के 'लैंडों' की अलगाववादी माँगें भी उठती रहेंगी, परिणामतः भारत अपने अस्तित्व के लिए जूझता रहेगा और नेतागण वातानुकूलित कक्षों में बैठ राष्ट्रीय एकता, अखंडता पर जोड़-घटाव करते रहेंगे। जब तक सांस्कृतिक मूल्यों व अवधारणाओं को जो इस देश के महापुरुषों, परंपराओं और अन्य श्रद्धा-केंद्रों से जुड़ी हुई हैं, लगातार रेखांकित नहीं किया जाएगा और समस्त भारतवासियों की भावनाओं से जोड़ने का प्रयास नहीं किया जाएगा, तब तक राष्ट्रीय एकता 'गूलर का फूल' ही साबित होगी। गत 40 वर्षों में कांग्रेस शासन ने इस चुनौती

को स्वीकार करने की बजाय उन 'मृतोपजीवी' तत्त्वों को ही पुख्ता किया, जो हमारे सांस्कृतिक मूल्यों को रूढ़िवाद या कट्टरपंथ कहकर नकारते रहे और खुद अपनी अराष्ट्रीय व असांस्कृतिक सोच को स्थापित करने में लगे रहे। अतः नई सरकार को राष्ट्रीय एकता पर गोष्ठियाँ करने के बजाय प्रयत्न प्रारंभ करने होंगे और इसके लिए सही व निष्पक्ष दृष्टि भी ग्रहण करनी होगी। राष्ट्रीय एकता पर अरण्यरोदन तो बहुत हो चुका, अब जरूरत है ठोस नतीजों की। रामो सरकार भी वही गलतियाँ दुहराती रही तो भारत को टुकड़े-टुकड़े होने से कौन रोक पाएगा? आचार्य शंकर का दिखाया सांस्कृतिक चेतना के जागरण का मार्ग ही भारत की राष्ट्रीय एकता की संजीवनी है।

(दैनिक भास्कर, 05.05.1995)

□

'राष्ट्रधर्म' के अमर गायक संत तुलसी

राष्ट्रधर्म क्या है? अपने-अपने काल में भारतीय मनीषियों ने तत्कालीन परिस्थितियों को दृष्टिगत रखकर अलग-अलग राष्ट्रधर्म की विवेचना की है, परंतु राष्ट्रधर्म को शाश्वत संदर्भों में परिभाषित करते हुए कौटिल्य ने लिखा है—"शस्त्रेण रक्षिते राष्ट्र, शास्त्र चिंता प्रवर्तते" अर्थात् जो राष्ट्र शस्त्र के बल पर पूर्णतया रक्षित है उस सर्वथा शक्तिसंपन्न राष्ट्र में ही ज्ञान का सार्वकालिक चिंतन एवं राष्ट्र की सब प्रकार की समृद्धि का विचार संभव है। यदि कोई राष्ट्र अपने सीमांत क्षेत्रों की रक्षा के प्रति ही आश्वस्त नहीं है, तो वह निश्चय ही अपने सर्वतोन्मुखी विकास की दिशा भी निश्चित नहीं कर पाएगा और इस ऊहापोह की अवस्था में धीरे-धीरे वह राष्ट्र काल के गाल में समाकर अस्तित्व खो बैठेगा। अत: प्रत्येक काल व परिस्थिति में राष्ट्र के जन-जन के हृदय में अखंड राष्ट्रप्रेम व वैभव संपन्न, ज्ञानवान व सर्वशक्तिमान अक्षय राष्ट्रजीवन के श्रेष्ठ स्वरूप के निर्माण की आकांक्षा जागृत् करना, यही सबसे बड़ा 'राष्ट्रधर्म' है।"

भारतवर्ष में 'राष्ट्रधर्म के जागरण का कार्य मुख्यत: सत्ता से निर्लिप्त, किंतु राष्ट्रोत्थान के लिए सतत प्रयत्नशील संतों और कवियों ने किया। उनकी एक लंबी शृंखला है और उसी शृंखला की एक कड़ी के रूप में हैं संत कवि तुलसीदास। तुलसी की समकालीन परिस्थितियों का विचार करने पर यह सहज आभास होता है कि यदि तुलसी अपने दायित्व का निर्वाह न करते तो निश्चय ही हमारा राष्ट्रीय प्रवाह अवरुद्ध हो गया होता और हमारा राष्ट्र-जीवन मृतप्राय

होकर अपनी सांस्कृतिक पहचान खो बैठता। फिर शायद डॉ. इकबाल भी यह कहने की स्थिति में न रहते—

कुछ बात है कि हस्ती मिटती नहीं हमारी।
सदियों रहा है दुश्मन दौर-ए-जहाँ हमारा॥

तुलसी ने देखा कि देश में 'मुगलिया सल्तनत' के जुए के नीचे हमारा धर्म, संस्कृति, परंपराएँ और हमारे विशिष्ट जीवन-मूल्य धीरे-धीरे दम तोड़ रहे हैं। अकबर के द्वारा कुटिलतापूर्वक चलाया गया एक नया मजहब 'दीन-ए-इलाही' हिंदू-मुसलिम एकता के नाम पर 'हिंदू धर्म' को समूचा निगल जाने को आतुर था। आतंक और अत्याचार के साये में हिंदू-जीवन पूरी तरह स्वाभिमानशून्य और निरीह बनकर रह गया। बड़े-बड़े शूरवीर और दिग्गज राजपूत राजा भी 'दिल्लीश्वरो वा जगदीश्वरो वा' का उद्घोष करते हुए अकबर की शरण गह रहे थे और इतना ही नहीं, तो नजराने के तौर पर अपनी बहू-बेटियों को अकबर के हरम में भेजकर बड़प्पन महसूस करते थे। दूसरी ओर अकबर के द्वारा लगाए गए 'मीना बाजार' में हिंदू नारियों का खुलेआम सौदा होता था। कुछ इतिहासकार चंद चाँदी के टुकड़ों के लालच में भले ही अकबर को 'महान्' कहकर उस विधर्मी आक्रांता का यशोगान करते रहे हों, परंतु यह सत्य है कि तुलसी ने जब देश के कोने-कोने में पैदल घूमकर देश-दशा का अवलोकन किया तो उन्हें लगा कि यदि जल्दी ही कुछ न किया गया तो अकबर कुटिलतापूर्वक हमारे अस्तित्व को लील जाएगा, फिर 'हिंदू-जीवन' का 'नाम लेवा पानी देवा' भी शेष नहीं बचेगा।

इस प्रकार तुलसी ने मृतप्राय हिंदू समाज में स्वाभिमान और राष्ट्रधर्म का भाव जगाने का संकल्प लिया, परंतु प्रश्न था कि इसके लिए क्या किया जाए?

इतना बड़ा देश, अकेले तुलसी और दूसरी ओर अकबर की सर्वशक्तिमान सत्ता व सब प्रकार से विपरीत परिस्थितियाँ, कितना दुष्कर कार्य था।

तुलसी राम के भक्त तो थे ही, उन्हें भान हुआ कि श्रीराम ने भी तो धर्म की स्थापना के लिए वन-वन भटककर, भीलों-वानरों का संगठन कर, सब प्रकार से साधनहीन होते हुए, अत्यंत प्रतिकूल परिस्थितियों में भी अविचलित रहकर महा शक्तिशाली रावण का संहार किया और अनाचार व अत्याचार से पीड़ित समाज का दुःख हरण कर सत्य और धर्म को विजय दिलाई। उन्होंने 'रामकथा'

को राष्ट्रधर्म के जागरण का माध्यम बनाया और श्रीरामचरितमानस में लिखा भी 'पराधीन सपनेहु सुखु नाहीं।'

'राम' भारतीय जन के जीवनादर्श हैं। मानव-मूल्यों के प्रवर्तक के रूप में वे भारत-भू पर अवतरित हुए और जन्म से लेकर महाप्रयाण तक उन उदात्त जीवन-मूल्यों के लिए प्रतिबद्ध रहकर सब प्रकार की प्रतिकूलताओं को पार करते हुए अपने व्यक्तिगत जीवन में उन आदर्शों का पालन कर उन्होंने अपना मर्यादा पुरुषोत्तम नाम सार्थक किया, इस रूप में राम मानव मात्र के लिए स्तुत्य हैं, प्रेरक हैं। हम भारतीयों के लिए तो वे 'भगवान्' बन गए हैं। तुलसी ने इस बात को समझा और इसलिए राम के 'अन्याय विरोधी और जुझारू रूप' को सरल और सुबोध भाषा में जन-जन तक पहुँचाकर देश में आत्मविश्वास व स्वाभिमान जगाने का कार्य निश्चित किया।

16वीं शताब्दी का भारत राम के समय के भारत से बहुत मिलता-जुलता था। जिस प्रकार राम के समय में रावण आर्य संस्कृति को समूल नष्ट कर 'राक्षसी संस्कृति' को प्रतिष्ठापित करने पर आमादा था, अपने मंतव्य पूर्ण करने के लिए वह सब प्रकार के अधर्म, अन्याय और अत्याचार का सहारा ले रहा था, उसी तरह अकबर भी हिंदू-संस्कृति व हिंदू-धर्म की जड़ों पर प्रहार कर 'दीन-ए-इलाही' की प्रतिष्ठापना का ख्वाब देख रहा था। अतः इस समय राम प्रत्यक्ष न सही अपनी कथा के द्वारा ही जन-जन को उस अधर्म व अन्याय के प्रति उठ खड़े होने की प्रेरणा देंगे, इसी विचार को सामने रखकर तुलसी ने रामकथा को 'रामचरित मानस' के रूप में लिपिबद्ध करना प्रारंभ किया। तुलसी ने राम के संकल्प के द्वारा हिंदू-हृदयों को संकल्पबद्ध करते हुए लिखा—

निशिचर हीन करों मही, भुज उठाइ प्रन कीन्ह ॥

मानो राम की भुजा के साथ कोटि-कोटि हिंदुओं की भुजाएँ भी इस संकल्प के साथ उठ खड़ी हुई हों कि 'बस, बहुत हो चुका, अब हिंदू धर्म पर आघात नहीं सहेंगे।'

इस प्रकार तुलसी ने जब राम को परंपरागत पंडे-पुजारियों के पूजा-पाठ की कोठरी से निकालकर जन-जन के हृदय में धनुष पर प्रत्यंचा चढ़ाए अधर्म के विरुद्ध संघर्षरत राम के रूप में प्रतिष्ठित करने का कार्य प्रारंभ किया, तो

इसे देखकर धर्म के तथाकथित ठेकेदार बौखला गए और उन पर तरह-तरह के कुत्सित आरोप लगाकर, उनकी सर्वत्र निंदा कर तथा उन पर हमले तक करवाकर तुलसी को अपने रास्ते से हटाने कीं लाख कोशिशें कीं, परंतु तुलसी अडिग रहे और अंततः रामचरित्र को पूर्ण कर उसे गाते हुए गाँव-गाँव घूमकर जनमानस में व्याप्त भय व स्वाभिमानशून्यता को धीरे-धीरे खत्म कर मृतप्राय समाज में नई चेतना व जिजीविषा का स्फुरण किया।

तुलसी का राम के शस्त्रधारी स्वरूप के प्रति इतना आग्रह था कि जब अपने देश-भ्रमण के दौरान वे वृंदावन पहुँचे तो उन्होंने मंदिर में श्रीकृष्ण के मुरलीधर स्वरूप को प्रणाम न करते हुए कहा—

का बरनों छवि आप की, भले बने हो नाथ।
तुलसी मस्तक तब नवै जब धनुष बाण लेउ हाथ॥

आलोचकों ने तुलसी को दुराग्रही बताकर तरह-तरह से उनकी निंदा की, परंतु उन परिस्थितियों में समाज में विजगीष्णु वृत्ति के जागरण हेतु तुलसी का यह आग्रह अव्यर्थ था। जैसा कि उल्लेख आता है कि श्रीकृष्ण ने भी तुलसी के इस आग्रह को अन्यथा न लेकर उसकी महत्ता बनाए रखने के लिए धनुर्धारी रूप धारण किया—

कित मुरली, कित चंद्रिका, कित गोपी, कित ग्वाल,
अपने जन के कारनै, राम बने गोपाल।

तुलसी ने बताया है कि जहाँ-जहाँ अन्याय होता दिखाई दिया, तो अत्यंत सौम्य एवं शांतिस्वरूप राम क्षणमात्र में उस अनीति के विरुद्ध धनुष लेकर खड़े हो जाते हैं। जब लंका पहुँचने के लिए वानर सेना के साथ श्रीराम सागर तट पर डेरा डाले पड़े हैं, इस प्रतीक्षा में कि समुद्र पार जाने के लिए उन्हें मार्ग देगा, परंतु समुद्र पूरी तरह उनकी उपेक्षा करता है और तीन दिन की प्रतीक्षा के बाद भी जब मार्ग नहीं मिलता तो राम क्रोध में आ जाते हैं—

विनय न मानत जलधि जड़ गए तीन दिन बीति।
बोले राम सकोप तब, भय बिनु होय न प्रीति॥

और अंततः राम की क्रोधाग्नि-पीड़ित समुद्र घबराकर साक्षात् होता है और राम को पार जाने का मार्ग सुझाता है। ऐसे अनेक प्रसंग 'मानस' में हैं, जहाँ राम

के विद्रोही स्वरूप को देखकर सामान्य जन भी अधर्म और अन्याय के खिलाफ लड़ने को प्रेरित होता है, तुलसी का यही अभीष्ट था। वे अपने मंतव्य में पूरी तरह सफल रहे और राष्ट्रधर्म के अमर गायक बन गए।

आज फिर एक बार वैसी स्थितियाँ देश में निर्माण हो रही हैं। हमारे राष्ट्रीय जीवन-मूल्य, धर्म, संस्कृति अनेक षड्यंत्रों का शिकार होकर विनाश के कगार पर पहुँच चुके हैं। हजारों वर्षों के कठिन संघर्ष के बाद भी जीवित रखी गई अपनी सांस्कृतिक पहचान पूरी तरह नष्ट हो जाने का खतरा मुँह बाए खड़ा है। हमारा समाज 'स्व' का बोध खो चुका है। राष्ट्रीय स्वाभिमानशून्यता के इस दौर में एक बार फिर तुलसी उतने ही प्रासंगिक हो गए हैं, जितने 16वीं शताब्दी में थे। आज भारत को फिर एक तुलसी चाहिए, जो उसे इन खतरों से लड़ना सिखाए और संपूर्ण समाज को संगठित रूप में अपने राष्ट्र-जीवन को अखंड व सब प्रकार से संपन्न बनाए रखने के लिए उत्प्रेषित करे।

(दैनिक स्वदेश, 29.07.1990)

□

आज फिर श्रीराम का संकल्प चाहिए

'निशिचर हीन करों मही' का दृढ़ संकल्प लेकर श्रीराम ने जो यात्रा प्रारंभ की वह रावण-वध के साथ समाप्त नहीं हुई, बल्कि निरंतर जारी है, क्योंकि श्रीराम ने भुजा उठाकर यह प्रतिज्ञा किसी व्यक्ति विशेष या समूह विशेष के विरुद्ध नहीं वरन् एक दुष्प्रवृत्ति, जो अहं, अनाचार, अधर्म व अन्याय का संगठित रूप बन गई थी और जो समाज में से सद्गुण-सदाचार को समाप्त कर एक राक्षसी सत्ता स्थापित करना चाहती थी, के मूलोच्छेद के लिए की थी। रावण मात्र लंकाधिपति नहीं था, वह उस पूरी सत्ता का केंद्र था, जो ऋषि संस्कृति की तप-यज्ञादि परंपराओं को विध्वंस कर आतंक के द्वारा अपना दायरा बढ़ाने को लपलपा रही थी। रावण खर-दूषण, मारीच, शूर्पणखा, त्रिशरा, सुबाहु जैसे अपने महाबली क्षत्रपों द्वारा चारों ओर ऋषि-मुनियों की हत्या और उनके द्वारा चलाए जा रहे तप-यज्ञ आदि कार्यों को नष्ट कर समाज में भय व्याप्त कर रहा था, क्योंकि वह जानता था कि उस काल में ऋषि-मुनि और तप-यज्ञ समाज की जीवनी शक्ति थे, इन्हीं से जन-जीवन में सामाजिक संगठन, सद्गुण-सदाचार, धर्म, न्याय, सद्भाव की स्थापना को बल मिलता था। रावण राक्षसी सत्ता स्थापित करने में सबसे बड़ी बाधा इन्हें ही मानता था। वह स्वयं महान् पराक्रमी था, इसलिए उसे किसी सैन्यशक्ति की चिंता नहीं थी, उसे चिंता थी इस आध्यात्मिक शक्ति की, जो समाज का 'अमृत कुंभ' थी, जो ऋषि संस्कृति के संरक्षण, संवर्धन के लिए संजीवनी थी, अत: उसका सर्वप्रथम प्रहार इसी अमृत घट पर था और श्रीराम नगरों का ध्वंस या नरसंहार देखकर

कुपित नहीं हुए, बल्कि गुरु विश्वामित्र के साथ वन संचरण के दौरान उन्होंने जगह-जगह ऋषि-मुनियों की अस्थियों के ढेर देखे, ध्वंस हुए यज्ञों के अवशेष देखे, तब उनका क्षोभ संकल्प बनकर फूटा—

निशिचर हीन करों मही भुज उठाइ प्रण कीन्ह।
ऋषि-मुनिन के आश्रम जाइ-जाइ सुख दीन्ह॥

क्योंकि श्रीराम यह जानते थे कि यदि समाज के 'अमृत कुंभ' के नाश से बेखबर बैठा रहा गया, तो एक दिन पूरा सामाजिक ढाँचा बिखर जाएगा, ऋषि-संस्कृति नामशेष हो जाएगी और सद्‌गुण-सदाचार, धर्म, न्याय, सद्‌भाव की जगह एक अन्यायी, अधर्मी व दुराचारी सत्ता स्थापित हो जाएगी। अत: वे इस दुष्प्रवृत्ति के मूलोच्छेदन के लिए निकल पड़े। श्रीराम का 14 वर्ष का वनवासी जीवन 'परित्राणाय साधुनां विनाशाय च दुष्कृताम्' का पर्याय है। विजयादशमी के दिन रावण-वध करके इस दुष्ट सत्ता की पताका उन्होंने काट फेंकी और धर्म, संस्कृति, सद्‌गुण, सदाचार का संरक्षण करनेवाली ऋषि-संस्कृति का ध्वज फहराया।

इसलिए विजयादशमी का पर्व मात्र एक युद्ध में श्रीराम की विजय का प्रतीक नहीं है और रावण की पराजय का भी नहीं, बल्कि समाज में चेतना, जिजीविषा व विजयिष्णुता का संचार करनेवाला दिन है और किसी समाज या राष्ट्र के जीवन में ये तीनों गुण अत्यंत महत्त्व रखते हैं, इनके अभाव में समाज-जीवन या राष्ट्र-जीवन की दृढ़ता व स्थिरता कमजोर पड़ती है तथा एक दिन सर्वनाश उसे घेर लेता है। इसलिए श्रीराम की आवश्यकता भी लगातार बनी रहती है, भले ही कभी वे स्वयं अवतरित हों अथवा कभी समाज में अपना तत्त्व समाविष्ट कर दें, शायद इसलिए संत कवि तुलसीदास ने घोषणा की—

जड़ चेतन जल जीवन नभ, सकल राममय जान।

क्योंकि 'राम' ही वह परम तत्त्व है, जो बिखराव से बचाता है और चेतना का स्फुरण करता है। संगठन व चैतन्य, ये दोनों ही राष्ट्र व समाज के लिए अपरिहार्य हैं, श्रीराम ने अपने जीवन से इन दोनों तत्त्वों को पुष्ट किया। उन्होंने वानर, भील आदि वनवासियों का संगठन कर एक सामाजिक शक्ति खड़ी की व उसमें अधर्म, अन्याय व दुराचार के खिलाफ खड़े होने की चेतना स्फूर्त की।

श्रीराम चाहते तो अपने गुणों, बुद्धि व अतुलित शक्ति के बल पर एक अजेय सम्राट् के रूप में अपना अभिषेक कराके ऐश्वर्यशाली जीवन बिता सकते थे, जिसके लिए सारी परिस्थितियाँ उनके अनुकूल थीं, लेकिन उन्होंने दूसरा मार्ग चुना और यही वह बात है, जिसने उन्हें 'राम' बना दिया, अन्यथा वे भी अपने पूर्ववर्तियों व परावर्तियों की तरह मात्र एक 'राजा' रह जाते।

वर्तमान परिप्रेक्ष्य में विजयादशमी की प्रासंगिकता इसी संदर्भ में आँकी जानी चाहिए। आज फिर से अधर्मी, अन्यायी, दुराचारी व भ्रष्ट शक्तियाँ गिरोहबंद होकर समाज व राष्ट्र को विघटित करने, यहाँ तक कि उसके अस्तित्व को भी लील जाने के लिए खतरनाक ढंग से मुहिम चला रही हैं। दुष्प्रचार, प्रलोभन, आतंक व हिंसा सभी हथकंडे अपनाकर भारतीय संस्कृति, धर्म और राष्ट्रीय एकत्व को नष्ट करने का षड्यंत्र चल रहा है। दुर्भाग्य से सत्ता स्वार्थों के कारण ऐसे सभी अराष्ट्रीय व असामाजिक तत्त्वों को पहले कांग्रेस व अब राष्ट्रीय मोरचा सरकारों से भरपूर सहयोग मिलता रहा है, इतना ही नहीं तो इन तत्त्वों का इस्तेमाल भी ये सरकारें अपने क्षुद्र राजनीतिक हितों के लिए करती रही हैं। सरकारों की इस कुत्सित मनोवृत्ति व इन तत्त्वों के लगातार बढ़ते रहे हौसलों के परिणामस्वरूप आज देश में भाषा, संप्रदाय, जाति व क्षेत्रवाद के नाम पर खाइयाँ लगातार चौड़ी होती जा रही हैं। फलतः चारों ओर बिखराव दिख रहा है। कश्मीर, पंजाब, असम निरंतर हिंसक व अलगाववादी आग में जल रहे हैं। हजारों निर्दोष लोगों का खून बुद्ध और गांधी की इस धरती पर उन्माद की भेंट चढ़ गया। सरकारें घोषणाओं से ही संतुष्ट हो निश्िंचत बैठी रहीं। यह क्रम आज भी निर्बाध जारी है। किंतु कहीं कोई समाधान के लक्षण नहीं दिख रहे, बल्कि आरक्षण जैसे मुद्दे पर सरकार की गलत व अदूरदर्शितापूर्ण नीति के कारण देश गृहयुद्ध जैसी भयावह स्थिति में फँस गया है।

हमारे सांस्कृतिक अधिष्ठानों, मान-बिंदुओं व जीवन-मूल्यों को धर्मनिरपेक्षता व अल्पसंख्यक तुष्टीकरण की आड़ में नकारने व उन्हें समाप्त करने के लिए दुष्प्रचार व दमनकारी प्रयास चल रहे हैं। बाकी बातें यदि छोड़ भी दी जाएँ तो इसका सबसे बड़ा प्रमाण है, श्रीरामजन्मभूमि को लेकर विवाद खड़ा किया जाना। जो श्रीराम भारतीय जीवन के प्रेरणा पुरुष हैं, जिन्होंने पूरी

मानव-जाति के लिए श्रेष्ठतम जीवन की मर्यादाएँ स्थापित की, समाज व राष्ट्रहित के लिए जिन्होंने सर्वस्व न्योछावर करने का आदर्श रखा, रामराज्य जैसी सर्वसुखदायी व्यवस्था के प्रणेता और संचालक सम्राट् के रूप में जिनकी ख्याति है, ऐसे श्रीराम के अस्तित्व को नकारकर उनके जन्मस्थल पर एक दुर्दांत आक्रमणकारी बाबर की स्मृति को स्थापित करने का षड्यंत्र चल रहा है। इसके विपरीत रामभक्तों को सांप्रदायिक व हिंसक कहकर बदनाम किया जा रहा है। वी.पी. सिंह की केंद्र सरकार धर्मनिरपेक्षता की ध्वजवाहक बनकर एक ओर तो ढुलमुल नीति अपनाकर हिंदू जनभावनाओं को अपमानित कर रही है और दूसरी ओर मुसलिम तुष्टीकरण को ध्यान में रखकर श्रीराम मंदिर न बने, इसके लिए अप्रत्यक्ष रूप से सक्रिय है। मुलायम सिंह की उ.प्र. सरकार तो स्वयं बाबर की भूमिका निभाकर रामभक्तों को जेलों में सड़ा देने व गोलियों से छलनी कर देने पर आमादा है। यानी आज यह साबित करने की कोशिश हो रही है कि भारत की पहचान राम से नहीं, बाबर से है, इससे बड़ी मानसिक पतन की स्थिति और क्या हो सकती है? सांप्रदायिक सौहार्द या धर्मनिरपेक्षता का अर्थ यह नहीं है कि हम अराजक व कट्टरपंथी तत्त्वों को खुश करने के लिए अपनी पहचान ही खो दें। लेकिन आज यह हो रहा है, यह स्थिति किसी भी राष्ट्र के लिए शुभ संकेत नहीं मानी जा सकती है।

हमारी सामाजिक अवस्था भी अत्यंत शोचनीय बन गई है। भ्रष्टाचार, ऊँच-नीच का भेद, आर्थिक असमानता, अंधविश्वास, सामाजिक उत्पीड़न और आपराधिक मनोवृत्ति जैसे अनेक रोगों ने हमारे समाज को बड़ा दुर्बल बना दिया, सरकार की गलत नीतियों व उदासीनता ने हमारी सामाजिक दुर्बलता को और बढ़ाया है। समाज को उचित शिक्षा के अभाव में अनेक बुराइयों का शिकार होना पड़ता है। जो शिक्षा स्कूल-कॉलेजों में दी भी जाती है, वह संस्कारों व सही दिशा के अभाव में केवल अधकचरा अक्षरज्ञान बनकर रह गई है। विद्यार्थियों में राष्ट्र व समाज, अपने महापुरुषों, धर्म, संस्कृति व भाषा के प्रति अपनत्व, प्रेम, आदर और स्वाभिमान का भाव लगभग समाप्त हो रहा है। इसके विपरीत उपेक्षा व आत्महीनता बढ़ रही है। समाज-जीवन में राष्ट्रीय स्वभिमान का क्षरण बहुत घातक होता है, यह एक पराजित व गुलाम मानसिकता का परिचायक है।

कुल मिलाकर देश की वर्तमान परिस्थितियाँ अत्यंत जटिल हैं, जबकि भारत तो विश्व का मार्गदर्शन करने का संकल्प लेकर निर्मित हुआ। मनुस्मृति में इस संकल्प को यों निरूपित किया गया है—

एतद्देश प्रसूतस्य सकाशादग्रजन्मना
स्वं स्वं चरितं शिक्षरेन् पृथिव्या: सर्वमानवा:।

तब भारत को न केवल खतरनाक आयुधों की तैनाती के बीच अपना उत्थान करना है, बल्कि पनपते तनाव, युद्ध की आशंकाओं और परस्पर वैरभाव में फँसी समूची मानवता को भी शांति व सुख का मार्ग दिखाना है। इसके लिए अपने तत्त्वज्ञान पर अमल करना होगा। भारत का तत्त्वज्ञान अधर्म की शक्तियों के ऊपर धर्म की शक्तियों की विजय का रहा है। हम अपने इसी तत्त्वज्ञान के बल पर जो हमारी विजय की इच्छाशक्ति को दृढ़ीभूत करता है, समस्त संसार को अधर्म की चुनौती का सामना करने की शिक्षा दे सकते हैं। परंतु इसके लिए हमें स्वयं को संगठन व चेतना के द्वारा शक्तिशाली बनाना होगा।

श्रीराम ने जिस तरह जीवन का एक बड़ा संकल्प लेकर बिखरे, दुर्बल व भयभीत समाज में अपने व्यक्तिगत गुणों व शक्ति के द्वारा संगठन तथा चेतना का भाव जगाया, उसी तरह आज भारत के जन-जन में सामाजिक, राजनैतिक व अन्य सभी प्रकार की बुराइयों के प्रति एक जागृति उत्पन्न कर सबको समाज के रूप में संगठित कर एक शक्ति का निर्माण करना समय की माँग है, तभी इस देश में सक्रिय अधर्मी, अन्यायी, दुराचारी, भ्रष्ट, सांप्रदायिक व असामाजिक शक्तियों पर विजय प्राप्त कर सकेंगे, जो हमारे राष्ट्र व समाज के ताने-बाने को तार-तार करने पर आमादा हैं। श्रीराम ने त्रेता में रावण-वध कर जिस विजयशालिनी परंपरा का श्रीगणेश किया, हम अपने काल में उसी परंपरा के संवाहक बनें, अपने अंत:करण में वैसा ही श्रेष्ठ संकल्प जगाएँ और क्षुद्र स्वार्थों से ऊपर उठकर उस संकल्प को पूरा करने में जुटें। तब निश्चय ही एक ज्योतिर्मय भारत का निर्माण कर सकेंगे। यही इस विजय पर्व का सच्चा स्मरण होगा।

(दैनिक स्वदेश, 29.09.1990)

□

आस्था, परंपरा और बदलाव

दिल्ली के करोल बाग में न्यू लिंक रोड पर श्रीसंकटमोचन धाम में स्थापित 108 फुट की हनुमान प्रतिमा बरबस ही सबका ध्यान खींचती है। द्वारका से आनंद विहार मेट्रो रूट पर झंडेवालान और करोलबाग मेट्रो स्टेशन के बीच स्थित यह प्रतिमा अपनी ऊँचाई के लिए प्रसिद्ध है। इसलिए इसके सामने से मेट्रो लाइन निकाले जाने पर काफी विवाद हुआ कि प्रतिमा की ऊँचाई कमतर हो जाएगी। आखिरकार मेट्रो वहीं से निकली और इससे प्रतिमा की भव्यता पर असर पड़ा। पिछले कई वर्षों से देश में ऐसी विशाल मूर्तियों का चलन काफी बढ़ा है। शायद एक होड़ सी चल पड़ी है कि हम भगवान् की सबसे विशाल प्रतिमा बनवाएँगे। हम ऐसा सोच ही रहे होते हैं कि हमारी सोच और तैयारी से भी ऊँची एक और मूर्ति कहीं दूसरी जगह बन जाती है। आज जीवन में तेजी से बढ़ रहे भौतिक प्रभाव के क़ारण यह कहा जा सकता है कि व्यक्ति के मन और जीवन में भले भगवान् का स्थान घट रहा हो, लेकिन मूर्तियों में उसका आकार बड़ा दिखाने की होड़ सी लगी है।

देश में भगवान् के अलग-अलग रूपों की कई विशाल प्रतिमाएँ भक्तों में ज्यादा पर्यटकों के आकर्षण का केंद्र हैं। इनमें हरिद्वार में हर की पौड़ी पर स्थित 100 फुट के शिव, दंदुरा (महाराष्ट्र) में 105 फुट के हनुमान, देहरादून की कांग्यू मोनेस्ट्री में 107 फुट के खड़े हुए बुद्ध, शिमला में 108 फुट के हनुमान, कर्नाटक के मुरुदेश्वर में 122 फुट के शिव, हिमाचल प्रदेश के रिवालसर में दूसरे बुद्ध के नाम से प्रसिद्ध 123 फुट के भगवान् पद्मसंभव और हैदराबाद

में 135 फुट के अभय आंजनेय हनुमान स्वामी उल्लेखनीय हैं। इनमें से कुछ स्थानों पर तो पर्यटन को बढ़ावा देने में दर्शनीय विशाल प्रतिमाओं का बड़ा योगदान है। तब शायद भक्ति भाव कहीं पीछे छूट जाता है।

भक्ति का एक रूप यह भी है कि भाव-विह्वल होकर राम की खड़ाऊँ माँगते हैं भरत और कहते हैं कि मेरी यह हैसियत नहीं कि मैं उस सिंहासन पर बैठूँ, जिसके उत्तराधिकारी आप हैं। इसलिए अयोध्या के सिंहासन पर आपकी खड़ाऊँ रखकर ही मैं राज-काज की देखभाल करूँगा। तब 'प्रभु करि कृपा पावरी दीन्हीं, सादर भरत सीस धरि लीन्ही' और भरत उन खड़ाऊँ को सिर पर रखकर अयोध्या ले आए। भरत ने 14 बरस तक उन्हीं की छत्रछाया में अयोध्या का राज चलाया और कहा, 'चरनपीठ करुनानिधान के, जनु जुग जामिक प्रजा प्रान के', यानी करुणानिधान भगवान् रामचंद्र की दोनों खड़ाऊँ प्रजा के प्राणों की रक्षा के लिए मानो पहरेदार हैं। यह है भारत की भक्ति परंपरा जिसमें साक्षात् भगवान् या उनके स्वरूप के बजाय उनकी खड़ाऊँ ही श्रद्धा का केंद्र बन जाती हैं और उन्हीं में नेह लगाकर भक्त अपने को धन्य मान लेता है। इसी भक्ति से मन इतना बौरा जाता है कि शबरी भगवान् को जूठे बेर खिला देती है और विदुर-पत्नी केले की फली फेंककर छिलका भगवान् को अर्पित कर देती हैं। ऐसे भक्त पर भगवान् अपना सर्वस्व लुटा देते हैं। भगवान् की मूर्ति या मंदिर की भव्यता भक्त के लिए कोई मायने नहीं रखती। लेकिन इस बदलते दौर में भक्ति का रूप भी बदल रहा है। भगवान् का घर यानी मंदिर बनाने में भव्यता और ऊँचाई के नए-से-नए कीर्तिमान गढ़े जा रहे हैं। इस भव्यता की ही चकाचौंध है कि साईं बाबा, जो जीवन भर फकीर रहे और जिनकी तपस्या के तेज से पानी भरे दीये भी जल उठते थे, उनकी प्रतिमा करोड़ों के रत्नजड़ित सिंहासन पर प्रतिष्ठित की जाती है। इस भव्यता के कारण मंदिर अब तीर्थ से ज्यादा पर्यटन-स्थल बनते जा रहे हैं।

पिछले दिनों वृंदावन में नया बना एक मंदिर अपनी भव्यता के लिए खूब चर्चा में आया और लोगों के आकर्षण का केंद्र बन गया, भक्तिभाव के कारण नहीं, बल्कि लेजर शो की वजह से। तीर्थों पर मौज-मजे के लिए जाने

के कैसे खतरे सामने आ रहे हैं, इसका एक उदाहरण है गंगोत्तरी धाम, जहाँ पर्यटकों की सुविधा के लिए खुले ढाबों में प्रयोग होते कैरोसिन और आती-जाती कारों से धुआँ उगलते पैट्रोल-डीजल का ताप ग्लेशियर को लगातार पीछे खिसका रहा है और गंगा के अस्तित्व के लिए संकट पैदा कर रहा है। इसलिए श्रद्धा-केंद्रों को पर्यटन-स्थलों के रूप में विकसित करना उस जगह को लोकप्रिय बनाकर ज्यादा राजस्व तो दिला सकता है, लेकिन फिर भक्ति और मौज-मस्ती में अंतर कहाँ बचेगा?

(नेशनल दुनिया, 42.04.2013)

□

वे रावण जो कल नहीं मरे

एक और विजयादशमी बीत गई। हर साल की तरह देश भर में रावण के अनगिनत पुतले बुराई पर अच्छाई की, असत्य पर सत्य की और अधर्म पर धर्म की जीत के रूप में जला दिए गए। पर रावण मरता कहाँ है, वह तो विविध रूपों में हमारे सामने ही खड़ा दिखता है। कवि ने इस मनोदशा को बड़ी सटीक अभिव्यक्ति है—"किस रावण की भुजा उखाड़ूँ, किस रावण की शीष कटाऊँ, घर-घर रावण घर-घर लंका इतने राम कहाँ से लाऊँ?" आज रावण सिर्फ दशानन नहीं है, उसके अनगिनत सिर अवसरवादी राजनीति, भ्रष्टाचार, बलात्कार, आतंकवाद और देश व समाज पर छाए दूसरे अनेक खतरों का रूप धरकर हमारे लिए नित नई चुनौतियाँ खड़ी कर रहे हैं। विजयादशमी पर देश का जनमानस विजयी भाव से भर उठता है। वाल्मीकि रामायण में राम को धर्म का मूर्तिमंत रूप माना गया है 'रामो विग्रहवान धर्मः।' राम मर्यादा पुरुषोत्तम हैं, भारतीय जीवन के आदर्श। अल्लामा इकबाल तक ने उन्हें 'इमामे हिंद' कहकर उनकी महत्ता समझाई।

भारत का धर्म, संस्कृति, परंपराएँ और जीवन-पद्धति राम से परिभाषित हैं। उनकी जय ही अधर्म, असत्य और बुराई का नाश है। इसीलिए महात्मा गांधी ने रामराज्य को भारत की शासन व्यवस्था का आदर्श बनाना चाहा, जिसमें जनसेवा, न्याय और सत्य की स्थापना तथा निर्मल जीवन का ध्येय समाहित था। लेकिन सत्ता का लोभ धीरे-धीरे गांधी के सपने को लीलता गया और अवसरवादी राजनीति रक्तबीज की तरह रावणी मनोवृत्ति का विस्तार करती गई। सत्ता की चाह और

वोट की राजनीति ने जाति-पंथ-भाषा और क्षेत्र के ऐसे विभेद खड़े कर दिए कि देशवासी एक-दूसरे के खून के प्यासे होने लगे। मुजफ्फरनगर के दंगे और तेलंगाना का तांडव इसका ताजा रूप है। गांधीजी ने जिस राजनीति को न्यासी के सिद्धांत का अवलंबन देकर राष्ट्र के पुनर्निर्माण का उपकरण बनाना चाहा, वह सत्ता की चेरी बना दी गई। राम और गांधी के आदर्श ही जब सत्ता की चकाचौंध में अप्रासंगिक बनाए जाने लगे, तो रावण का वध कैसे और कौन करे? इस यक्ष-प्रश्न का उत्तर ही वह अग्निबाण है, जो विविध रूपों में भारत के अस्तित्व पर प्रहार कर रहे रावणों की नाभि के अमृत को सुखाकर उनका संहार करेगा।

नैतिक अधिष्ठान से राजनीति के विचलन ने ही भ्रष्टाचार, आतंकवाद और बलात्कार जैसी कुत्सित और किसी भी सभ्य समाज के लिए कलंक मानी जानेवाली बुराइयों की जड़ें मजबूत की हैं। एक के बाद एक हुए महाघोटाले, जिनके आँकड़े आज हर आदमी की जुबान पर हैं, नैतिकता को तार-तार कर चुके हैं, पर उससे भी ज्यादा शर्मनाक है उन पर परदा डालने की सरकार की कोशिशें और उनमें लिप्त होने के आरोपों से घिरे लोगों को बचाने का उपक्रम। हमारी न्यायिक प्रक्रिया ने शरसंधान न किया होता तो शायद ही इन पर शिकंजा कसता। यह अवसरवादी राजनीति का ही नतीजा है कि धनपतियों और बाहुबलियों का ही नहीं, देश की राजनीति में हिस्ट्रीशीटरों का भी बोलबाला है। राजनीति को अपराधीकरण के गर्त में धकेल दिया गया है और आँकड़ों की मानें तो देश के एक तिहाई सांसद व विधायक दागी हैं, लेकिन दागियों से राजनीति को मुक्त करने के खिलाफ सर्वदलीय सहमति नहीं दिखती है। राजनीति के दाग धोने की कोशिश चाहे सुप्रीम कोर्ट ने की हो या केंद्रीय सूचना आयोग ने, लगभग सभी दल उसके विरुद्ध एकजुट दिखे। लंका विजय के बाद राम ने विभीषण को ही वहाँ का राजा बनाया। सोने की लंका भी उनमें लोभ न जगा सकी, लेकिन सत्ता-लिप्सा और धन की लूट तो मानो आज की राजनीति का गहना है। यह राम की नहीं, रावण की प्रवृत्ति है।

पिछले दो दशकों में आतंकवाद ने भारत को जितने घाव दिए हैं, वह भी रावण की राक्षसी मनोवृत्ति का ही विस्तार है। हजारों जवान और निर्दोष नागरिक उन रक्त पिपासुओं की भेंट चढ़ गए। लेकिन आतंकवाद का सिर कुचलने में

भी राजनीति आड़े आती है। कुछ नेता खुलेआम आतंकवाद के आरोपियों की मिजाजपुर्सी करते दिखते हैं और उन्हें आतंकवाद से लड़ते हुए जान गँवानेवाले जाँबाज जवानों की शहादत पर उँगली उठाते हुए भी संकोच नहीं होता। संवैधानिक रूप से चुनी हुई सरकारें जेल में बंद एक खास समुदाय के नौजवानों पर आतंकवाद के आरोपों में चल रहे मुकदमे वापस लेने की पैरवी करती हैं। केंद्रीय गृहमंत्री तो इससे भी आगे जाकर मुसलिम युवकों को आतंकवाद के आरोपों में परेशान न करने की हिदायत राज्य सरकारों को देते हैं। दूसरी ओर पाकिस्तान, जो भारत विरोधी आतंकवाद का केंद्र बना हुआ है, भारत सरकार वार्त्ताओं से उसका हृदय-परिवर्तन करने में जुटी दिखती है। जबकि पाकिस्तानी सेना और आई.एस.आई. की पनाह में पल रहे हाफिज सईद और जकीउर्रहमान लखवी जैसे आतंकवादी सरगना वहाँ से खुलेआम भारत को खत्म कर देने और टुकड़े-टुकड़े कर देने की धमकियाँ देते हैं। जम्मू-कश्मीर के केरन क्षेत्र में मिनी करगिल कही जा रही पाकिस्तानी हरकत से निपटने में हमारी सेना को 15 दिन लगे। ऐसे पाकिस्तानी हमलों में हमारे जवानों का बलिदान भी शायद सरकार की संवेदनाओं को नहीं झकझोर पाता है। नतीजतन भारत की छवि एक 'सॉफ्ट स्टेट' की बनती चली गई। न हम पाकिस्तान के कान उमेठ पा रहे हैं और न अंतरराष्ट्रीय स्तर पर उस पर दबाव बना पा रहे हैं। उलटे राजनीतिक कारणों से सरकार 'भगवा आतंकवाद' का शिगूफा छोड़कर पाकिस्तान को अपने बचाव का मौका देती रही है। आतंकवाद को सांप्रदायिक नजरिए से परिभाषित कर राजनीतिक हित तो साधे जा सकते हैं, उससे लड़ा नहीं जा सकता।

पिछले कुछ वर्षों में जिस तेजी से महिला यौन उत्पीड़न के मामले बढ़े हैं, वे स्त्रियों को पूज्य माननेवाले भारत जैसे देश के लिए बेहद लज्जाजनक हैं। सीता के अपहरण ने रावण का विनाश करा दिया, आज न जाने कितनी सीताएँ इस अपमान और यातना से गुजर रही हैं। दिल्ली के बसंत विहार सामूहिक बलात्कार मामले ने देश को झकझोर दिया था। उससे उपजे आक्रोश ने सरकार को सख्त कानून बनाने पर विवश कर दिया। फिर भी ये घटनाएँ रुकीं नहीं, मुंबई में फिर वसंत विहार कांड दोहराया गया। ऐसी शर्मनाक घटनाओं को सिर्फ सरकार और कानून के भरोसे रोकना संभव नहीं है। परिवारों और विद्यालयों में

बच्चों व युवकों को स्त्री सम्मान का संस्कार देने की प्रक्रिया मजबूत करके जब तक सामाजिक माहौल नहीं सुधारा जाएगा, तब तक महिलाओं के खिलाफ हिंसा और यौन उत्पीड़न की दुर्भाग्यपूर्ण घटनाएँ रुकने की उम्मीद करना दिवास्वप्न जैसा ही है। जब तक समाज जागेगा नहीं और राम का संस्कार उसमें मूर्त रूप नहीं लेगा, तब तक रावण नित नए रूपों में हमें त्रास देता रहेगा। केवल रामलीला में रावण-वध करके नहीं, अपने अंदर के रावण को मारकर ही हम रामराज्य की स्थापना कर सकते हैं।

(नेशनल दुनिया, 14.10.2013)

□

होगी जय! हे पुरुषोत्तम नवीन!

त्रेता में तो श्रीराम ने आश्वस्त कर दिया कि रावण मर गया और रामराज्य आ गया। लेकिन कलियुग में रावण मरने-जलने के बाद फिर-फिर खड़ा हो जाता है—और भी विकराल रूप में। शायद इसी दुश्चिंता में घिरा कवि लिखने को विवश है—''किस रावण की भुजा उखाड़ूँ किस रावण का शीष जलाऊँ, घर-घर रावण घर-घर लंका इतने राम कहाँ से लाऊँ।''

यह द्वंद्व जब मन को घेर लेता है तो जीवन की दुरूहता और बढ़ जाती है। यह विश्वास भी कमजोर पड़ने लगता है कि जीत सत्य की होती है, बुराई पर अच्छाई की होती है। संशय की अवस्था कभी विजय नहीं दिला सकती। संकल्प के प्रति दृढ़ता ही विजय के विश्वास को मजबूत करती है। इसीलिए श्रीकृष्ण ने महाभारत के युद्धक्षेत्र में ऊहापोह से घिरे अर्जुन से कहा, ''संशयात्मा विनश्यति'' यानी संशय विनाश और पराजय की राह है, जबकि संकल्प और विश्वास विजय की भावभूमि।

आज यदि कोई कवि रावण के विनाश को लेकर निराश है तो यह केवल उसका संशय भर नहीं है, बल्कि पूरे समाज के लिए एक यक्षप्रश्न है और चुनौती भी। क्योंकि आज रावण सिर्फ दस सिर और बीस हाथों वाला नहीं है, वरन् उसके असंख्य सिर और अनगिनत हाथ, जो सत्य, धर्म और न्याय का शिरोच्छेद करने को तत्पर हैं। घरों-स्कूलों की चारदीवारी से लेकर गली-मुहल्लों और सरेराह रात के अँधेरे में ही नहीं दिनदहाड़े न जाने कितनी निर्भया और मासूम बच्चियाँ तक उसकी बर्बर दरिंदगी की शिकार हो रही हैं और हम बस ऐसी

कुछ बड़ी घटनाओं पर आक्रोश जताकर शांत हो बैठ जाते हैं पुलिस-कानून और सरकार के भरोसे।

रोजमर्रा की जिंदगी में घरों से लेकर बसों, बाजारों, दूसरे सार्वजनिक स्थलों पर शायद ही कभी हमारा आक्रोश सामूहिक रूप में व्यक्त होता हो। कोख में पल रही बच्चियों की हत्या से लेकर छेड़छाड़ और यौन उत्पीड़न तक सब नजरअंदाज होता रहता है और हम नवदुर्गा में कंजक-पूजन के लिए कन्याओं को ढूँढ़ते फिरते हैं।

स्त्री सुरक्षा और उसका सम्मान जब सिर्फ नारा बनकर रह जाए, तो रावण का वध कैसे होगा? राम ने तो एक सीता के मान की रक्षा के लिए पूरे वनांचल को जाग्रत् कर अपने साथ खड़ा कर लिया। वे चाहते तो अपनी दैवी शक्ति से रावण को चुटकी में मसल देते, लेकिन उन्होंने समाज को संदेश दिया कि बुराई, अन्याय और अधर्म के खिलाफ सब खड़े हों एकजुट होकर। 'नमो देव्यै, महा देव्यै' का मंत्रोच्चार कर हम सिर्फ अपने कल्याण की कामना करते हैं अलग-अलग, एक-दूसरे से विरत-विमुख।

समाज व्यक्ति का ही विराट् रूप है, जब मैं हम बनकर खड़ा होगा, तो मानो राम सहस्र भुजाओं से दिग्दिगंत को व्याप्त कर लेंगे, तब रावण बचकर कहाँ जाएगा? तब उसको फिर से पनपने या सिर उठाने की मोहलत ही नहीं मिलेगी, बशर्ते पहले हम अपने अंदर की बुराई को पहचानें, उसे मारें और समाज की एक निष्कलुष, निर्विकार संगठित शक्ति खड़ी करें। सिर्फ राम की पूजा या रामलीलाओं के मंचन-अभिवंदन से क्या होगा, राम के जीवन का त्याग, भ्रातृत्व, आज्ञापालन, एक पत्नीव्रत और प्रजा-वत्सलता जैसे संस्कार किंचित् भी तो अपने अंदर आएँ। हम तो अपने स्वार्थ और लालसा के लिए निर्विघ्न जिएँ और दूसरा रावण से अकेला जूझता रहे, तो रावण हम सबको एक-एक कर खाते हुए बलशाली होता रहेगा, मरेगा कैसे? आज यही हो रहा है, कोई एक अकेला बुराई से जूझता है, हम तटस्थ रहते हैं कि हमें क्या पड़ी।

नतीजतन आज बुराई अच्छाई के मुकाबले तादाद में कम होते हुए भी भारी पड़ती है, क्योंकि हम गुंडागर्दी, भ्रष्टाचार, लूट, बलात्कार जैसी बुराइयों से किसी को लड़ता देख मुँह फेरकर बैठ जाते हैं कि यह उसकी समस्या है, वह निपटे।

लेकिन जब वही बुराई हम पर आफत बनकर टूट पड़ती है, तब हमें याद आता है कि मेरा साथ कोई नहीं दे रहा।

बुराई के खिलाफ खड़े होने की हिम्मत और जिजीविषा ही तो 'राम तत्त्व' है। यह हम सबके अंदर है, उसे जगाने और सबके साथ जोड़ने की जरूरत है। राम चाहते तो राजा बनकर ऐशो-आराम से जिंदगी बिता सकते थे, उन्हें क्या जरूरत पड़ी थी दूसरों की आफत में पड़ने की? लेकिन उन्होंने रावण कुल के अत्याचार, अधर्म और अन्याय के विरुद्ध 'निशिचर हीन करों मही' की कठिन प्रतिज्ञा ली और राजपाट त्यागकर वन-वन भटकते हुए अनेक दुःसह कष्ट झेले, पत्नी वियोग सहा, परंतु न घबराए, न मैदान छोड़ा। उस युग में बुराई के सबसे शक्तिशाली और अजेय माने जानेवाले प्रतीक रावण के विरुद्ध युद्ध का शंखनाद कर दिया।

युद्धक्षेत्र में 'रावण रथी विरथ रघुवीरा' जैसी असहाय स्थिति देखकर विभीषण भी अधीर हो गए, लेकिन राम ने न धैर्य छोड़ा, न संकल्प, न विश्वास। तभी तो वे राजा राम से 'भगवान् राम' बन सके। ऋषि वाल्मीकि ने श्रीराम को धर्म का साकार रूप कहा है 'रामो विग्रहवान धर्मः।' धर्म राजनीति को सेवा के संस्कार से जोड़ता है, उसे समाजोन्मुख और राष्ट्राभिमुख बनाता है। तभी राजनीति सत्ता की नहीं, सेवा की पर्याय बनेगी। रामराज्य का आधार यही अवधारणा थी।

इसलिए गांधीजी ने आजाद भारत के उन्नयन का मार्ग रामराज्य में देखा, लेकिन देश के सेकुलर कर्णधारों की दुविधा ने राजनीति को धर्मनिरपेक्षता के नाम पर अल्पसंख्यकवाद के गर्त में धकेल दिया। लंका के युद्ध के समय राम भी दुविधाग्रस्त हुए थे—''यह नहीं रहा नर-वानर का राक्षस से रण/उतरी पा महाशक्ति रावण से आमंत्रण/अन्याय जिधर है, है उधर शक्ति।'' लेकिन राम ने नवरात्रि में शक्ति की आराधना की, सारी दुविधा छँट गई और माँ ने प्रकट होकर आशीर्वाद दिया—

होगी जय, होगी जय, हे पुरुषोत्तम नवीन,
कह महाशक्ति राम के बदन में हुई लीन।

(नेशनल दुनिया, विजयादशमी, 2013)

□

जलाओ दीये, पर रहे ध्यान इतना

भारत उत्सवधर्मिता का देश है। हमारे लिए उत्सव का अर्थ केवल उल्लास और आनंद नहीं है, संस्कारों की एक सुदीर्घ परंपरा भी उससे जुड़ी है, जिसमें पूरा समाज जाति-पंथ के दुराग्रहों से बाहर निकलकर एक जन के रूप में खड़ा दिखाई देता है। सबका सुख-दुख, सबका मान-सम्मान और सबकी संवेदनाएँ उसमें समवेत हो जाती हैं। उत्सवों से जुड़ी कथाएँ हमें ऊर्जस्वित, प्रेरित करती हैं कि हर डर के आगे जीत है। दीपावली भारत की सनातन सांस्कृतिक चेतना का प्रतीक पर्व है, अँधेरे पर उजाले की जीत का त्योहार। केवल गली-मोहल्लों और सड़कों पर पसरा अँधेरा नहीं, मन और जीवन का हर अँधेरा उजास में बदल देने की प्रेरणा देनेवाला पर्व। राम भारत का मन हैं, भारत की धर्म-संस्कृति के मूर्त रूप। वाल्मीकि ने लिखा है—"रामो विग्रहवान धर्मः।" वह राजपाट त्यागकर अपनी 'निशिचर हीन करों मही' की प्रतिज्ञा को पूरा करने के लिए महापराक्रमी रावण से टकराने में किंचित् मात्र भी नहीं हिचके और वन-गिरिवासियों की संगठित शक्ति खड़ी कर लंका विजय की। इसी विजय के उपलक्ष्य में दीपमालिका सजाई गई और धर्म संस्थापक, मर्यादापुरुषोत्तम राजा राम का राज्याभिषेक हुआ। अपना सुख त्यागकर धर्म-संस्कृति, ऋषि-मुनियों की रक्षा के लिए वन-वन भटकते हुए राम 'भगवान् राम' बन गए और उनका रामराज्य लोककल्याण व प्रजा-वत्सलता का अनूठा आदर्श। तभी तो गांधीजी ने भी चाहा कि भारत स्वाधीनता के बाद अपनी शासन व्यवस्था में रामराज्य का अनुसरण करे।

लेकिन रामराज्य के आदर्श राजगद्दी की सुख-सुविधाओं को भोगने में

आड़े आते हैं। शायद इसलिए आजादी के बाद देश की बागडोर सँभालने वालों को गांधी की सलाह रुची नहीं। राम ने घोषणा की—

'स्नेहं दयाञ्च सौख्यं च यदि वा जानकीमपि/आराधनाय लोकस्य मुञ्चते नास्ति मे व्यथा।' यानी शासन करना राम के लिए राजगद्दी का सुख भोगना नहीं था, वह उनके लिए लौक आराधना थी, जिसके लिए वे अपने विश्ववंद्य गुणों स्नेह, दया, सौख्य आदि को भी छोड़ने को तैयार थे। यहाँ तक कि जरूरत पड़े तो प्राणप्रिय जानकी को भी त्यागने में उन्हें संकोच नहीं था और न हृदय में पीड़ा। राज्य व्यवस्था का ऐसा आदर्श भारत ने दुनिया के सामने रखा, लेकिन आज राजनीति और सत्ता जब केवल और केवल अपने व अपने चहेतों के लिए सुख-सुविधा बटोरने का साधन बन गई हो, उसी सत्ता के लिए समाज को जाति-मजहब में बाँटने में भी नेता संकोच न करें, तो शायद यह इस देश का दुर्भाग्य ही माना जाएगा।

राम सिर्फ जय-जयकार करने के लिए नहीं हैं, दीपावली का हर दीया राम की तेजस्विता का स्मरण कराता है। राम जैसे भारतीय संस्कृति के उच्चतम मानदंडों ने ही 'तमसो मा ज्योतिर्गमय' की वेद-ध्वनि का संचार किया। जो अंधकार से उजाले की ओर बढ़ेगा, वही मृत्यु के कुहासे को चीरकार अमरता प्राप्त करता है, इसीलिए आगे कहा—'मृत्योर्मा अमृतं गमय।' दीपावली राम के जीवन-पथ का आलोक है, उसे अपनी क्षुद्र लिप्साओं के गहन अंधकार में गुमा दें तो हमसे अभागा कौन होगा?

राम ने न केवल जीवन और शासन व्यवस्था के आदर्श स्थापित किए, बल्कि मातृभूमि की भक्ति भी उनके हृदय में अनहद नाद की तरह गूँजती थी। लंका विजय के बाद जब वहाँ के वैभव से लक्ष्मण विचलित हो गए और कहा कि अयोध्या में तो भरत राज सँभाल रहे हैं, क्यों न हम लंका पर राज करें। राम का उत्तर पूरी दुनिया की साम्राज्यवादी और पूँजीवादी प्रवृत्तियों के लिए सबक है, जो आज कहीं अपनी सैन्यशक्ति और कहीं बाजार की ताकत के भरोसे छोटे-बड़े देशों पर अपने नियंत्रण के ख्वाब पाले बैठी हैं। राम ने कहा—

"स्वर्णमयी लंकाअपि न मे लक्ष्मण रोचते,
जननी जन्मभूमिश्च स्वर्गादपि गरीयसी।"

लक्ष्मण, यह सोने की लंका भी मेरे मन को लालायित नहीं करती, क्योंकि जननी और जन्मभूमि मेरे लिए स्वर्ग से भी श्रेष्ठ हैं। ऐसे राजा का आदर्श मौजूदा राजनीति ने तथाकथित धर्मनिरपेक्षता की आड़ में किनारे कर दिया, यहाँ तक कि सांप्रदायिकता का ठप्पा लगाकर सरकारें और हिंदूद्रोही नेता व बुद्धिजीवी राम के अस्तित्व को भी नकारने में पीछे नहीं दिखते। राम को भारत के जीवन-परिदृश्य से बाहर कर दीपावली मनाना ही बेमानी है, क्योंकि दीपावली तो राम की प्रेरणा का उत्सव है, इसके दीपों में राम के जीवन की उजास है। अंत:करण में राम ही नहीं तो दीपावली कैसी?

भगवान् बुद्ध जब कहते हैं—'अप्पदीपो भव' तो उसमें ऋषियों की वाणी 'आत्मदीपो भव' ही गूँजती है। हृदय में गुणों का, धर्म का, सेवा और प्रेम का, परोपकार का दीप न जलता हो तो बाहर दीपावली के नाम पर खूब सारा पैसा लुटाकर की गई झालरों की जगमगाहट भी क्या उजाला फैला सकेगी? इस चकाचौंध में माटी का दीया न जाने कहाँ खो गया? घर की देहरी पर दीया वारनेवाला कुम्हार समुदाय इस आधुनिक दीवाली पर अपने भाग्य को रोता है, जो कभी उसके घर-परिवार के भरण-पोषण की साल भर की उम्मीद लेकर आती थी। हमारे त्योहार अपने वैभव का प्रदर्शन करने के लिए नहीं, बल्कि हमारी सामाजिक व्यवस्था को भाईचारे, सामूहिक उल्लास और आर्थिक स्वावलंबन का आधार देनेवाले रहे हैं। दीपावली पर मेरे घर उजाले की सतरंगी छटाएँ और हिलोरें लेता उल्लास का दरिया, लेकिन आसपास फैला भूख, निराशा और बेबसी का अँधेरा, तब क्या वहाँ भी उम्मीद का एक दीया जलाने की आतुरता मन में कौंधती है? यह कौंधन ही तो 'अप्पदीपो भव' का रूपांतरण है।

दीपावली लक्ष्मीपूजन का महापर्व है। लेकिन लक्ष्मी यदि धर्म का संस्कार लेकर नहीं आई तो वह शायद हमारे लिए ही बूमरेंग न बन जाए। भारतीय मनीषियों ने जीवन-रचना में जिन चार पुरुषार्थों की संकल्पना दी, उनमें धर्म को अर्थ से पहले रखा। धर्म, अर्थ, काम, मोक्ष। सद्‍गुण-सदाचार और सेवा-प्रेम से पगा जीवन ही धर्ममय माना गया है। ऐसे जीवन में जब लक्ष्मी आती है, तो वह लोककल्याण का साधन बनती है, लेकिन जब विलासी बुद्धि और अधर्मी मन लक्ष्मी का उपासक बनता है, न जाने कितने कौड़ा, राजा और कलमाड़ी

पैदा हो जाते हैं। देश व समाज भ्रष्टाचार के गर्त में डूबने लगता है। इस धन से दीपावली पर जुआ-शराब जैसी सामाजिक कुरीतियाँ तो पनपती ही हैं, बेतहाशा आतिशबाजी पर्यावरण को प्रदूषित करती है। लाखों रुपए बिजली की जगमगाहट पर खर्च कर मानो हम नन्हे दीये को चिढ़ाते हैं। लेकिन दीया तो प्रकाश का उपासक है, भौतिक चकाचौंध का नहीं, वह विश्वास से भरा है हर अँधेरे से लड़ने के लिए नेह की बाती लेकर। काश! इस दीपावली पर हम उस दीये के मर्म को समझ पाएँ। इसीलिए कवि ने लिखा है—

"जलाओ दीये पर रहे ध्यान इतना,
अँधेरा धरा पर कहीं रह न पाए।"

(नेशनल दुनिया, 23.10.2014)

□

निज भाषा उन्नति अहै सब उन्नति कौ मूल

एक परंपरा को निभाने का दिन फिर आज हमारे सामने आ खड़ा हुआ है। एक ऐसी परंपरा, जिसे ढोने को संविधान ने हमें मजबूर तो कर दिया, मगर उसका कोई अभिमान हमारे अंत:करण में नहीं है। आज फिर जगह-जगह आयोजन होंगे 'हिंदी दिवस' के नाम पर और राष्ट्रभाषा की शान में कसीदे काढ़े जाएँगे, पर उत्सव की इन गलियों में हिंदी फिर वैसी ही अपमानजनक, लाचार व उपेक्षापूर्ण स्थिति में खड़ी रह जाएगी—उपहास की पात्र बनी।

पिछले 46 साल से जिन गांधी के नाम पर यह देश चलाया जा रहा है और नेहरू से लेकर नरसिंहराव तक, जिनके अनुयायी होने का ढोंग करते रहे हैं, उन्हीं गांधी ने एक दिन कहा था, "मैं कहता हूँ, आप अपनी भाषा में बोलें, अपनी भाषा में लिखें, मैं अपनी बात अपनी भाषा में कहूँगा, जिसको गरज होगी वह सुनेगा। आप इस प्रतिज्ञा के साथ काम करेंगे तो हिंदी का दर्जा बढ़ेगा।" जबकि स्वयं गांधी अहिंदी भाषी थे। भारत आने पर शुरू-शुरू में वे टूटी-फूटी हिंदी बोल पाते थे, फिर भी उन्होंने स्वाधीनता आंदोलन में लगातार देश का भ्रमण करने पर यह पाया कि देश के मानस को एक सूत्र में पिरोने व राष्ट्रीय स्वाभिमान की अभिव्यक्ति के लिए हिंदी से ज्यादा उपयुक्त अन्य कोई माध्यम नहीं हैं, इसलिए वे बराबर हिंदी के सहज उपयोग का आग्रह करते रहे। उसी भावना के तहत संविधान में भी हिंदी को राजभाषा का दर्जा दिया गया, परंतु हिंदी पिछड़ों, गँवारों की ही भाषा बनकर रह गई, वह

नेताओं, अफसरों, पढ़े-लिखों व तरक्कीशुदा लोगों की भाषा नहीं बन सकी, बल्कि कहना होगा कि उसे एक साजिश के तहत वैसी बनने नहीं दिया गया। यदि आज कुछ बुद्धिजीवी व पत्रकार जिनकी आजीविका व लोकप्रियता में हिंदी का बहुत बड़ा योगदान है, हिंदी को 'दरिद्र भाषा' कहते हैं तो यह उसी साजिश का एक अंग है, साथ ही राष्ट्रीय स्वाभिमानशून्यता का परिचायक भी।

हिंदी के पिछड़े रह जाने के पीछे यदि कोई महत्त्वपूर्ण कारण है, तो दो ही हैं—(1) मानसिक गुलामी का संस्कार व (2) षड्यंत्रपूर्वक राज-काज व अन्य महत्त्व के कार्यों से हिंदी को अक्षम बताकर दूर रखना। आज अधिकांश पढ़े-लिखे भारतीय अंग्रेजी बोलने व हिंदी न जानने का आडंबर करने में ही गर्व महसूस करते हैं। इस तरह एक ओर अंग्रेजी जहाँ 'स्टेटस सिंबल' बन गई है, वहीं दृढ़ इच्छा शक्ति के अभाव व अवांछित दबावों तथा अपने राजनैतिक स्वार्थों के वशीभूत नेहरू से लेकर राव तक हमारा नेतृत्व हिंदी को न तो शासन की भाषा बना सका और न सरकारी नौकरियों के लिए उसकी उपयोगिता स्थापित कर सका। आज भी क्लर्क से लेकर आई.ए.एस. तक की नौकरियों में अंग्रेजी ज्ञान अनिवार्य है। फिर लोग क्यों हिंदी को अपनाना चाहेंगे; जब उन्हें आजीविका पाने के लिए कतार में खड़े होने की जगह तक न मिले? अंग्रेजी इसीलिए स्थापित हुई, क्योंकि वह शासकों की भाषा थी, दूसरे उसे सीधा नौकरी के लिए अनिवार्य बनाकर जीवन की खुशहाली व तरक्की के रास्ते से जोड़ दिया गया। आजादी के बाद भी अंग्रेजी की यह प्रभुता बरकरार रही।

हमारे पड़ोसी देश चीन ने अपनी स्वतंत्रता के बाद सबसे पहला काम किया, अंग्रेजी को देश निकाला देना व अपनी भाषा 'मंदारिन' के सम्मान को स्थापित करना। क्योंकि 'अंग्रेजी' गुलामी की प्रतीक थी, उसमें राष्ट्रवाद व देश के स्वाभिमान को न पनपने देने तथा मानसिक गुलामी को लगातार पोषित करनेवाले कीटाणु थे, जिनके सहारे अंग्रेजी साम्राज्यवाद फला-फूला। इस सत्य का साक्षात्कार चीनी नेतृत्व कर चुका था; परंतु भारत को आजादी के बाद जो नेतृत्व मिला, वह मानसिक गुलामी के चश्मे को नहीं उतार सका, राष्ट्रीय स्वाभिमान की अनुभूति और भारत की आत्मा का साक्षात्कार नहीं कर

सका और न उसमें चीनी नेतृत्व की तरह 'अंग्रेजी' के खतरे को भाँपने की दूरदर्शिता थी। किसी स्वतंत्र राष्ट्र की कोई भाषा होती है, जो न केवल उस राष्ट्र के ऐक्य को संवर्धित करती है, बल्कि उसे एक सामर्थ्यवान, सशक्त व स्वाभिमानयुक्त राष्ट्र बनाकर खड़ा करने में महत्त्वपूर्ण भूमिका निभाती है, यह राष्ट्रबोध शायद हमारे प्रथम प्रधानमंत्री को भी नहीं था। अंग्रेजी ही हमारी तरक्की का माध्यम बन सकती है, दुनिया की दौड़ में हमें आगे ले जा सकती है। यह झूठ नेहरू से लेकर आज राव के कार्यकाल तक लोगों के गले उतारने का कुत्सित प्रयास लगातार किया जाता रहा है। कोई इन मैकाले पुत्रों को बताए कि क्या चीन, रूस, जापान, जर्मनी, फ्रांस जैसे अग्रगण्य राष्ट्र अंग्रेजी की सीढ़ी के सहारे आज उन्नत शिखर पर पहुँचे हैं? उन्होंने अपनी भाषा को विकसित किया, उसे तकनीकी-वैज्ञानिक एवं अन्य प्रगति का जरिया बनाया तथा विश्व के साथ संवाद का एक सम्मानपूर्ण माध्यम भी। इसी के साथ इन राष्ट्रों के समाज जीवन में भाषा का एक स्वाभिमान जाग्रत् हुआ, जो आज प्रत्येक अवसर पर प्रकट होता है। इसके विपरीत, भारत में राष्ट्रपति व प्रधानमंत्री जैसे लोग भी स्वभाषा के अभिमान से शून्य दिखते रहे। विदेशी राष्ट्राध्यक्ष भारत आने पर भाषण से लेकर द्विपक्षीय समझौतों में अपनी-अपनी भाषाओं का व्यवहार करते हैं और हमारे नेता एक क्षण के लिए भी अंग्रेजी का मोह नहीं छोड़ना चाहते, फिर विश्व में, अफसरशाही की निगाहों में या आम भारतवासी के मन में हिंदी की प्रतिष्ठा, हिंदी का व्यवहार क्यों और कैसे बढ़े? वह कौन सी मजबूरी है, जो इन्हें हिंदी-व्यवहार से रोकती है? प्रश्न महज अंग्रेजी विरोध का नहीं है, उस गुलाम या स्वार्थपूर्ण मानसिकता का है, जो अंग्रेजी को अनिवार्य रखने में ही अपना गौरव या भला समझती है। आप जबरदस्ती यह प्रचार करेंगे कि हिंदी दरिद्र भाषा है, वह देशवासियों के बीच संपर्क बनाए रखने में या तकनीकी, वैज्ञानिक शब्दावली के उपयोग अथवा अंतरराष्ट्रीय संवाद के लिए सक्षम नहीं है। क्या कभी इस कसौटी पर हिंदी को कसने का ईमानदार प्रयास हुआ है? जर्मनी का अधिकांश तकनीकी ज्ञान संस्कृत ग्रंथों से अनूदित है। मैक्समूलर ने इसके लिए अथक प्रयास किया और वहाँ जो भी सरकार रही, उसने अपनी भाषा को उस ज्ञान से समृद्ध

बनाने का संकल्प व दृढ़ता दिखाई। वे लोग पहले से ही यह हीनता लेकर नहीं बैठ गए कि जर्मन भाषा में यह क्षमता ही नहीं कि वह तकनीकी प्रगति की माध्यम बन सके। उन्होंने सिद्धांततः यह तय किया कि जर्मन भाषा हमारे राष्ट्रीय स्वाभिमान का प्रतीक है, यही हमारी संपूर्ण राष्ट्रीय उन्नति का माध्यम बनाई जाएगी, फिर जहाँ जैसी आवश्यकता पड़ी, उन्होंने अपनी भाषा को संवर्धित किया। इसलिए 'स्वभाषा' का प्रश्न किसी अन्य भाषा के विरोध का मामला नहीं है, वह राष्ट्रीय गौरव की अनुभूति और प्रतिष्ठा का विषय है। विदेशी राष्ट्राध्यक्ष जब भारत आने पर अपनी भाषा में व्यवहार करते हैं, तो उन्हें इससे कोई लेना-देना नहीं कि आप उनकी भाषा समझ रहे हैं या नहीं। जैसा कि गांधी ने कहा था, बल्कि वे अपने राष्ट्रीय स्वाभिमान की अनुभूति आपको करा रहे हैं, यह अहसास ही उनमें प्रबल रहता है।

आप अंग्रेजी को राष्ट्र की प्रगति का मापदंड मानकर चलेंगे, घर-बाहर सब जगह अंग्रेजी का व्यवहार करने पर ही अपनी प्रतिष्ठा समझेंगे तो सर्वत्र उसकी प्रभुता बढ़ेगी। भाषा केवल संवाद या कामकाज का माध्यम ही नहीं होती, उसमें किसी भी देश व समाज की सांस्कृतिक परंपराएँ, पूरा परिवेश, इतिहास महापुरुषों-मनीषियों से प्राप्त पूरी विरासत की अभिव्यक्ति होती है। अंग्रेजी का भारत से इस संदर्भ में कोई सरोकार नहीं हो सकता, वह तो भारत को पराधीन बनाकर रखनेवाले शासकों की भाषा रही, इसलिए इसके प्रचलन से जैसा कि मैकाले ने सोचा था, भारतीयों में मानसिक गुलामी का भाव दृढ़ हुआ है और अपनी भाषा, संस्कृति, इतिहास, महापुरुषों, राष्ट्रीय अस्मिता के प्रति एक आत्महीनता का बोध लगातार बढ़ा है। ऐसे नपुंसक सामाजिक सोच के सहारे कोई भी राष्ट्र सामर्थ्यवान नहीं बन सकता। भारत के सामने आज मौजूद विभिन्न राजनैतिक, सामाजिक, आर्थिक व राष्ट्रीय समस्याओं के पीछे अंग्रेजी का प्रभुत्व एक प्रमुख कारण है।

भारत में राष्ट्रवाद व राष्ट्रीय चरित्र विकसित होने में अंग्रेजी के प्रभुत्व के पीछे छिपी गुलाम मानसिकता ही सबसे बड़ी बाधा रही है। हिंदी सहित सभी भारतीय भाषाओं में वे तत्त्व मौजूद हैं, जो राष्ट्रवाद और भौतिक प्रगति के मार्ग को प्रशस्त कर सकते हैं। हिंदी उन सबकी प्रतिनिधि के तौर पर 'राजभाषा' के

रूप में स्वीकारी गई। इसके लिए एक सामाजिक वातावरण, एक प्रबल जनमत हम सबको तैयार करना पड़ेगा, व्यवहार में हिंदी के प्रमुखता देनी पड़ेगी। जो काम शासन को अपने राष्ट्रीय चरित्र का परिचय देते हुए 15 अगस्त, 1947 को करना चाहिए था, वह जन–जन की ओर से अब अंजाम दिया जाए, आज के दिन यह संकल्प और उसका क्रियान्वयन ही अभिप्रेत है।

(दैनिक स्वदेश, 14.09.1993)

□

शिक्षा क्यों हो संस्कार से अलग

आज बाजारीकरण के दौर ने व्यक्ति की लालसाओं को जो हवा दी है, उसने बहुत से नौजवानों में जल्दी और आसान तरीके से बहुत कुछ हासिल करने के लिए कुछ भी कर गुजरने की चाहत पैदा कर दी है। इनमें उच्च शिक्षा प्राप्त युवक भी हैं। इन्हें मौजमस्ती की दुनिया हाथ फैलाए सामने खड़ी दिखाई देती है। इसी का नतीजा है कि हत्या, लूट, बलात्कार जैसे अनेक अपराधों में भी इनमें से कुछ लिप्त पाए गए हैं। इस संदर्भ में, विशेषकर महिलाओं के खिलाफ बढ़ रहे अपराधों और यौन-उत्पीड़न जैसे कुकृत्यों से चिंतित राष्ट्रपति प्रणब मुखर्जी का सामाजिक और नैतिक मूल्यों की निरंतर गिरावट पर चिंता जताना प्रासंगिक है। इस ओर देश के विश्वविद्यालयों और अन्य शिक्षा संस्थानों का ध्यान खींचते हुए उन्होंने कहा है कि समाज के नैतिक मूल्यों में हो रहे पतन को रोकने के लिए उन्हें आगे आना होगा। लखनऊ में बाबासाहब भीमराव अंबेडकर विश्वविद्यालय के दीक्षांत समारोह में राष्ट्रपति ने छात्रों के जीवन-निर्माण में शिक्षा की भूमिका का उल्लेख करते हुए यह भी रेखांकित किया कि शिक्षण संस्थाओं और विश्वविद्यालयों में ही व्यक्ति की सोच आकार लेती है और उसमें अनुशासन, आत्मसंयम और सामाजिक सद्भाव जैसे गुण विकसित होते हैं।

स्वामी विवेकानंद ने शिक्षा के माध्यम से मनुष्य जीवन में जिस देवत्व के जागरण की बात कही है, राष्ट्रपति ने सामाजिक और नैतिक मूल्यों को विकसित व मजबूत करने का आग्रह कर उसी भावना को अभिव्यक्त किया है। आज के

दौर में शिक्षा को बाजार से जोड़ दिए जाने के कारण छात्रों के सामने संभावनाओं के अनंत द्वार खुल गए हैं। लेकिन उच्च शिक्षा ने उनके समृद्ध जीविकोपार्जन की राह दिखाने के साथ-साथ यदि उनमें मनुष्यत्व का विकास नहीं किया तो सामाजिक स्थितियाँ बड़ी भयावह हो सकती हैं। हाल ही में घटी कुछ घटनाएँ बताती हैं कि संस्कारों और नैतिक मूल्यों के अभाव में उच्च शिक्षित प्रतिभाएँ ऐशोआराम की चाह में किस कदर राह भटककर विनाशकारी रूप ले रही हैं। गाजियाबाद में एक बी.सी.ए. छात्र बैंक का ए.टी.एम. तोड़कर लूटने की कोशिश में रंगे हाथों पकड़ा गया। वहीं ऑडी लक्जरी कार में सैर करने के शौक ने बी.एस-सी. और इंटरमीडिएट के दो छात्रों को पुलिस की गिरफ्त में फँसा दिया। इस अपराध को अंजाम देने के लिए इनके पास से तमंचा, छुरा, कुल्हाड़ी और बड़ी मात्रा में कारतूस भी मिले। कानपुर में बी.टेक. के छात्रों ने एक बैंक में डकैती डाल 23 लाख रुपए लूट लिये और पकड़े गए। कुछ वर्ष पहले नोएडा और दिल्ली के नामी पब्लिक स्कूलों के छात्रों द्वारा अपनी सहपाठी छात्राओं के अश्लील एम.एम.एस. बनाकर सोशल नेटवर्किंग साइटों पर अपलोड करने से जो हंगामा मचा, उसे अभी लोग भूले नहीं होंगे। उच्च शिक्षित कई लोग मंत्री, विधायक और सांसद बनकर भ्रष्टाचार के आरोपों से घिरे हैं।

आजादी के बाद शैक्षिक सरोकारों को रेखांकित करने के लिए कई आयोग बने, उनकी रिपोर्ट आई, लेकिन उन पर अमल होने के बजाय आधुनिकता के नाम पर शिक्षा का स्वरूप अपेक्षित ढाँचे में नहीं ढल पाया। विख्यात चिंतक और शिक्षाविद् डॉ. सर्वपल्ली राधाकृष्णन, जो बाद में भारत के उपराष्ट्रपति और राष्ट्रपति रहे, ने 1949 में उच्च शिक्षा का आधार तय करते हुए आयोग की रिपोर्ट सरकार को सौंपी थी। उसके बाद 1952-53 में माध्यमिक शिक्षा आयोग, जिसे मुदलियार आयोग के नाम से जाना जाता है और 1964-66 में कोठारी आयोग शिक्षा का स्वरूप तय करने के लिए बनाए गए।

छात्रों में देशभक्ति की भावना, समाज के साथ रहने की कला, सामाजिक व राष्ट्रीय सेवा का भाव जगाना, व्यक्तित्व विकास, राष्ट्रीय चेतना को प्रोत्साहन और सामाजिक-नैतिक-आध्यात्मिक मूल्यों की शिक्षा का विस्तार जैसी बुनियादी बातें इनकी सिफारिशों में शामिल थीं। 1968 में सामने आई राष्ट्रीय शिक्षा नीति

में इन सब तत्त्वों को समेटने का प्रयास भी किया गया और शिक्षा का एक सामान्य ढाँचा बना।

तत्कालीन प्रधानमंत्री राजीव गांधी ने 1985 में शिक्षा को बाजार से जोड़कर उसका कॉरपोरेट स्वरूप तय करने की जो अवधारणा रखी, उस पर देश में लंबी बहस चली और इस आधार पर 1986 में शिक्षा नीति का नया स्वरूप सामने आया। देश में 1992 के बाद आए उदारीकरण के दौर ने छात्रों के सामने कॅरिअर से जुड़ी संभावनाओं के नए द्वार खोल दिए और शिक्षा के निजीकरण का भी तेजी से विस्तार शुरू हुआ। बड़े-बड़े कॉरपोरेट घरानों की रुचि भी इस ओर बढ़ने लगी, ताकि उनके प्रतिष्ठानों के लिए उच्च शिक्षित प्रतिभाओं की आपूर्ति सुगम हो सके।

इस बदलाव में नैतिक व सामाजिक मूल्यों के विकास की बात पीछे छूटती चली गई। डीम्ड शिक्षा इस कदर धंधा बन गई कि विश्वविद्यालय अनुदान आयोग को पिछले कुछ वर्षों में बड़ी संख्या में कथित विश्वविद्यालयों को अवैध ठहराकर उनकी मान्यता रद्द करनी पड़ी। विश्वविद्यालय, जो शिक्षा के मंदिर कहे जाते हैं, के नाम पर दुकानें चलाना शिक्षा के किस नैतिक मानदंड के दायरे में आता है?

दिल्ली विश्वविद्यालय के स्नातक स्तर के विदेशी भाषा के कोर्स में बदलाव करते हुए बी.ए. ऑनर्स फ्रेंच, स्पैनिश, इटेलियन और हिस्पेनिश भाषाओं के चार साल के नए पाठ्यक्रम में इन देशों की संस्कृति से जुड़े विषय भी शामिल किए गए हैं। इसके पीछे आशय है कि इन देशों की भाषा पढ़नेवाले छात्रों को वहाँ की सामाजिक और सांस्कृतिक स्थिति की समझ बने, क्योंकि कंपनियाँ इन देशों में प्लेसमेंट के लिए ऐसे छात्रों की माँग करती हैं, जिन्हें उस देश की भाषा के साथ-साथ वहाँ की संस्कृति की भी गहन जानकारी हो।

इसके उलट हमारे ही देश में अपने छात्रों को देश की संस्कृति से सेकुलर और सांप्रदायिक दुराग्रहों के कारण भ्रमित स्थिति में रखा जाता है। यहाँ तक कि मातृभूमि के सम्मान की रक्षा के लिए जिन लोगों के त्याग और पराक्रम से प्रेरणा ली जानी चाहिए, रानी लक्ष्मीबाई, महाराणा प्रताप, छत्रपति शिवाजी, चंद्रशेखर आजाद, भगतसिंह आदि के बारे में छात्रों को पाठ्य-पुस्तकों में विवादित बातें पढ़ाई जाती हैं। लॉर्ड मैकाले ने भारतीय शिक्षा पद्धति को 'काले अंग्रेज'

बनानेवाली जिस प्रक्रिया से जोड़ा था, आजादी के बाद भी उसकी छाया हमारे नौनिहालों पर पड़ रही है तो भारतीय जीवन-मूल्यों का संस्कार उनके मन पर कितना पड़ेगा, यह समझा जा सकता है।

वास्तव में शिक्षा की प्रक्रिया तो बच्चे के घर से ही शुरू हो जाती है, इसीलिए माँ को बच्चे की प्रथम गुरु कहा गया है। इसलिए जरूरी है कि हर बच्चे को प्राथमिक शिक्षा उसकी मातृभाषा में दी जाए, अंग्रेजी माध्यम से नहीं। यदि हमारी युवा पीढ़ी ही शिक्षा के उस संस्कार से वंचित रहेगी तो वह अपनी संतति को शिक्षित करने में क्या भूमिका निभाएगी ? राष्ट्रपति की चिंताओं के आलोक में इस प्रश्न का हल भी ढूँढ़ा जाना चाहिए ताकि शिक्षा भारत की सांस्कृतिक चेतना का अधिष्ठान बने।

(नेशनल दुनिया, 25.05.2013)

□

भारत की सांस्कृतिक चेतना गणतंत्र की सार्थक परिणति

देश 68वाँ गणतंत्र दिवस मना रहा है, इस मौके पर प्रख्यात स्वाधीनता सेनानी चंद्रशेखर आजाद की ये पंक्तियाँ बार-बार याद आ रही हैं—'माँ हमें विदा दो, जाते हैं हम विजयकेतु फहराने, तेरी बलिवेदी पर चढ़कर'। इन पंक्तियों में जीवन का सर्वस्व न्योछावर कर भारत की एक स्वतंत्र, स्वाभिमानी, सुदृढ़ और संपन्न राष्ट्र के रूप में निर्मिति की संकल्पना उभरती है, लेकिन आज भी यह प्रश्न देशवासियों के मन में बार-बार कौंधता है कि क्या आजादी के 70 साल बाद भी चंद्रशेखर आजाद व उस धारा के असंख्य देशभक्त क्रांतिकारी बलिदानियों और अरविंद घोष, लोकमान्य तिलक, लाला लाजपत राय, महामना मदनमोहन मालवीय व महात्मा गांधी की श्रृंखला में गुँथे आजादी के आंदोलन के प्रणेताओं के सपनों के भारत का निर्माण हो सका? सामाजिक समरसता, शांति-सद्भाव और खुशहाली के साथ देश का प्रत्येक नागरिक अपनी जिंदगी जी सके और भारत दुनिया के फलक पर एक आत्मगौरव संपन्न राष्ट्र के रूप में सम्मान पा सके, यह सपना अभी भी बस देशवासियों की आँख में ही तैर रहा है।

गांधीजी ने आजाद भारत के निर्माण के लिए एक ओर रामराज्य और दूसरी ओर ग्राम स्वराज का विचार दिया। महर्षि अरविंद घोष, जिनका जन्मदिन 15 अगस्त होने के कारण उस दिन उनको देश की आजादी के रूप में सबसे बड़ा तोहफा मिला, ने अपने संदेश में भारत के पुनर्निर्माण के लिए अखंड भारत का विचार दिया, लेकिन इन दोनों ही महापुरुषों के ये विचार नेहरू मॉडल के चलते

खारिज कर दिए गए, नतीजतन देश में लोकतंत्र, नागरिक जीवन के उन्नयन और वैश्विक पटल पर भारत की उपस्थिति को लेकर हमेशा चिंताएँ उभरती रहीं, जिनका समाधान खोजे जाने की प्रतीक्षा आज भी आम भारतवासी कर रहा है।

स्वराज के बाद सुराज की मानो सारी जिम्मेवारी सरकारों ने अपने ऊपर ले ली और देशवासियों में यह दायित्वबोध जगाने का कोई प्रयास नहीं किया गया कि राष्ट्र के नवनिर्माण में उनकी कोई भूमिका है। जन-भागीदारी के बिना केवल सरकारों के भरोसे न तो देश में विकास हो सकता है और न अमन-चैन, नागरिक चेतना किसी भी देश के शुभ संकल्पों को पूरा करने का सबसे मजबूत आधार है; जिसे जगाने की बजाय आम जन को सिर्फ वोटर समझा गया कि वह बस सरकार बनाने के लिए वोट दे, बाकी काम सरकार करेगी। इसी मानसिकता का नतीजा है कि गली-मोहल्लों तक में चाहे साफ-सफाई का मामला हो या गुंडों-मवालियों की असामाजिक व गैर-कानूनी हरकतों का, आम आदमी इसके प्रति उदासीन रहता है कि यह तो सरकार और प्रशासन का काम है, वोट की राजनीति ने समाज में जाति, क्षेत्र, भाषा और मजहब की खाइयाँ गहरी कर दीं, जो आज सामाजिक समरसता और एकता-अखंडता के लिए बड़ा खतरा बन गई हैं।

गांधी ने राजनीति में 'न्यासी के सिद्धांत' को अपनाने पर बल दिया, ताकि लोकतंत्र में जनता के सेवक के रूप में सत्तासीन हुए नेता खुद को देश का मालिक न समझ बैठें, देश के नवनिर्माण का इससे श्रेष्ठ विचार और क्या हो सकता है? लेकिन आजादी के बाद सत्ता में आए लोगों ने इस विचार को दरकिनार कर दिया, क्योंकि शायद यह उनकी विलासितापूर्ण सत्ता-आकांक्षाओं में रोड़ा बनता। आगामी 50 वर्षों में इन्हीं लोगों के शासन में इस सत्ता-लोलुपता को और बल मिला, परिणामस्वरूप सत्ता की चकाचौंध में 'आइडिया ऑफ इंडिया' धूल फाँकता रह गया और लोक की छाती पर पैर रख तंत्र मजबूत व निर्मम होता चला गया।

यह भी एक विडंबना है कि राष्ट्र-निर्माण के नाम पर बाँध, बिजलीघरों और उद्योगों को तो आधुनिक मंदिरों की संज्ञा दी गई, लेकिन 'भारतमाता ग्राम-वासिनी' जैसी राष्ट्रीय आकांक्षा को रौंदते हुए भारत की अर्थव्यवस्था का मजबूत आधार बन सकनेवाली कृषि और किसान के प्रति पूरी तरह उदासीनता बरती

गई, नतीजतन देश सामाजिक और आर्थिक स्तर पर दो रूपों में साफ-साफ बँटा नजर आने लगा, एक जीने की आस में तड़पता विशाल 'भारत' और दूसरा सब सुविधाओं से अघाया छोटा सा 'इंडिया'। संविधान में भारत को लोकतांत्रिक गणराज्य माना गया है, लेकिन ऐसे सामाजिक विभेद और आर्थिक संतुलन का अभिशाप आजाद भारत के नवनिर्माण की किसी भी संकल्पना में शायद ही फिट बैठे, गांधी का 'ग्राम स्वराज', दीनदयाल उपाध्याय का 'अंत्योदय' और डॉ. राममनोहर लोहिया का 'संभव समानता' का विचार इस 'आधुनिक भारत' के निर्माण में कहीं स्थान नहीं पा सका। परिणामत: बिखराव और त्रास की टीस यह देश लगातार झेलने को अभिशप्त है। इस दौर का भारत उन राष्ट्र-निर्माताओं के सपनों से अभी कोसों दूर है।

सत्तर का दशक आते-आते नेहरू-मानसिकता की राजनीति इतनी खूँखार हो गई कि सत्ता-लालसा में उसने आपातकाल की वेदी पर भारत के लोकतंत्र की बलि चढ़ा दी। इस दौर में लोकतंत्र की संवाहक प्रेस से लेकर न्यायपालिका और सामाजिक-राजनैतिक संगठनों तक पर सत्ता का शिकंजा कसता चला गया। लेकिन जयप्रकाश नारायण की दृढ़ता ने देश को 'दूसरी आजादी' दिलाई। जे.पी. की संपूर्ण क्रांति ने लोकतंत्र को सत्ता की कैद से आजाद कराया, तो वे जन-जन के दुलारे 'लोकनायक' बन गए। देश की युवा शक्ति ने जे.पी. के नेतृत्व में इस बदलाव की आधारशिला रखी। उस दौर में जेपी के मुख्य और विश्वस्त सहयोगी रहे नानाजी देशमुख ने राजनैतिक चेतना और लोक-ज़ागरण के प्रमुख सूत्रधार होते हुए भी सत्ता का साहचर्य स्वीकार नहीं किया और जे.पी. के आग्रह के बावजूद जनता पार्टी सरकार में मंत्री बनने से इनकार कर दिया। इतना ही नहीं, 60 वर्ष की आयु पूर्ण होते ही राजनीति से संन्यास लेकर गोंडा और चित्रकूट में ग्राम विकास संरचना का अद्भुत मॉडल खड़ा कर दिया। नानाजी ने अपने कृतित्व से यह 'आइडिया ऑफ इंडिया' दिया कि राजनीति सिर्फ सत्ता की सीढ़ियाँ चढ़ने का उपक्रम मात्र नहीं है, सत्ता से बाहर रहकर भी सामाजिक बदलाव व भारत के निर्माण का सशक्त माध्यम बना जा सकता है। जबकि जे.पी. आंदोलन की उपज कहे जानेवाले कुछ लोग सत्ता में भ्रष्टाचार के प्रतीक बनकर उभरे, ठीक उसी तरह जैसे गांधी के अनुयायी कहे जानेवाले बहुतेरे नेता सत्ता के लिए

राष्ट्रीय हितों की बलि चढ़ाने से भी नहीं हिचकते हैं। अनेक दागी नेताओं के चलते राजनैतिक शुचिता एक गंभीर प्रश्न बनकर उभरी है।

संविधान की प्रस्तावना में 'भारत के हम लोग' कहा जाना देश को एक जन, एक राष्ट्र के रूप में निरूपित करता है। संविधान सभी नागरिकों को समान भाव से देखता है। लेकिन आजाद भारत की राजनीति में अल्पसंख्यक शब्द वोट-राजनीति की धुरी बन गया। यहाँ तक कि संविधान की अनदेखी कर कांग्रेसनीत संप्रग सरकार के प्रधानमंत्री डॉ. मनमोहन सिंह को यह कहते कतई संकोच नहीं हुआ कि देश के संसाधनों पर पहला हक अल्पसंख्यकों का है, यह वोट की राजनीति ही है कि मुजफ्फरनगर के सांप्रदायिक दंगों में उत्तर प्रदेश की सपा सरकार केवल मुसलिमों को दंगा पीड़ित मानकर उन्हें ही मुआवजा देने की अधिसूचना जारी करती है, लेकिन इलाहाबाद हाई कोर्ट ने इस असंवैधानिक कृत्य के लिए न केवल राज्य सरकार को फटकार लगाई, बल्कि दंगा पीड़ितों में सरकार को हिंदू-मुसलिमों का भेद करने से रोका। अल्पसंख्यक वोट राजनीति पर मुलम्मा चढ़ाने के लिए सेकुलरवाद शब्द का चलन भारत की राजनीति में बढ़ा, जिसकी आड़ में मुसलिम तुष्टिकरण को राह मिली। इसी राजनैतिक मानसिकता ने बुद्धिजीवियों के एक तबके को भी पाला-पोसा व बढ़ावा दिया। हाल ही में एक पुरातत्त्ववेत्ता डॉ. के.के. मुहम्मद ने अपनी आत्मकथा 'जानएन्ना भारतीय' (मैं एक भारतीय) में खुलासा किया है कि अयोध्या विवाद का हल न निकलने देने के लिए वामपंथी इतिहासकार जिम्मेदार हैं, क्योंकि उन्होंने बाबरी मसजिद एक्शन कमेटी के नेताओं के साथ मिलकर गलत तथ्यों के आधार पर मुसलिमों को गुमराह किया। इसके अलावा भी इन कम्युनिस्ट इतिहासकारों ने 'मॉडर्न हिस्टरी ऑफ इंडिया' जैसी किताबें लिखकर चंद्रशेखर आजाद, भगत सिंह और दूसरे देशभक्त क्रांतिकारियों को 'रिवॉल्यूशनरी टेररिस्ट' बातया। जो हुतात्मा देश की भावी पीढ़ियों के लिए प्रेरणास्रोत हैं, उनकी छवि भंग करना किसी राष्ट्रीय अपराध से कम नहीं है। ऐसे ही बुद्धिजीवियों को सुभाषचंद्र बोस 'पथभ्रष्ट देशभक्त' दिखते हैं। इस कथित सेकुलर राजनीति और ऐसे बुद्धिजीवियों का घालमेल न तो भारत के लोकतंत्र को सार्थक होने देगा और न गणतंत्र को। भारत की सांस्कृतिक चेतना, जिसका स्वामी विवेकानंद, दयानंद

और राजा राममोहन राय जैसे महापुरुषों ने अलख जगाया तथा समाजोन्मुख व राष्ट्रहित की राजनीति, गांधी–लोहिया–दीनदयाल, जिसकी त्रयी बनकर उभरे, में ही भारत के गणतंत्र की सार्थक परिणति हो सकती है। तभी सच्चे अर्थों में संविधान में वर्णित बंधुत्व, समानता, स्वतंत्रता और न्याय की अवधारणा कसौटी पर खरी उतेरगी।

(प्रभात खबर, 26.01.016)

□

राष्ट्र, राष्ट्रवाद और राष्ट्रद्रोह

यह विडंबना ही है कि भारत में राष्ट्र की संकल्पना को लेकर कई तरह की भ्रामक धारणाएँ बना दी गई हैं। यहाँ तक कि भारत तो रियासतों में बँटा देश था, इसे राष्ट्र की पहचान ब्रिटिश शासन ने दिलाई या भारत तो अनेक संस्कृतियों का समूह है। इसी भ्रम में से 'इंडिया इज ए नेशन इन द मेकिंग' जैसी संकल्पनाएँ भी उभरीं। जबकि सच्चाई यह है कि भारत में हजारों साल पहले ऋग्वेद काल में, जब ब्रिटिश शासन की कल्पना भी किसी को नहीं रही होगी, तब हमारे मनीषियों ने 'राष्ट्रे वयं जागृयाम् पुरोहिताः' कहकर राष्ट्र का मूर्त रूप प्रस्तुत किया, यह राष्ट्र राज्य नहीं है। राज्य एक व्यवस्था है, जो राष्ट्र का संरक्षण और पोषण करती है।

यूरोपीय संदर्भ में केवल आर्थिक और राजनैतिक इकाई के रूप में राष्ट्र की अवधारणा से भिन्न भारत राष्ट्र के रूप में एक सांस्कृतिक इकाई है। इसके तीन प्रमुख तत्त्व हैं—1. एक विशाल भूखंड, 2. इसके प्रति मातृभूमि का भाव रखनेवाला पुत्ररूप समाज, 3. इतिहास, संस्कृति, महापुरुषों और जीवनमूल्यों के प्रति उस समाज की समान अनुभूति। ये तत्त्व ही राष्ट्र के स्वरूप को स्थूल, भौगोलिक या भौतिक इकाई से ऊपर एक जीवमान अभिव्यक्ति देते हैं। इसमें से परस्पर एकात्मता की भावना सुदृढ़ होती है और समाज में शांति, सौहार्द व बंधुत्व का भाव बढ़ता है। यजुर्वेद के पृथ्वी सूक्त में 'माता भूमि पुत्रो अहं पृथिव्याः' कहकर इसी राष्ट्रभाव को और मजबूत किया गया है।

इसी एकात्मता को अक्षुण्ण रखना, इसके प्रति गौरव अनुभव करना और

उसपर किसी तरह की आँच न आने देना ही राष्ट्रवाद है। इसके विरुद्ध आचरण राष्ट्रद्रोह है, यह यूरोप की तरह दूसरी परंपराओं को हड़पने या अन्यों को पनपने न देनेवाली साम्राज्यवादी मानसिकता का राष्ट्रवाद नहीं है। क्योंकि भारत का राष्ट्रवाद 'सर्वेषां अविरोधेन', 'सर्वे भवन्तु सुखिनः' और 'वसुधैव कुटुम्बकम्' जैसे हमारे सांस्कृतिक जीवनमूल्यों पर टिका है। इसलिए भारत के राष्ट्रवाद की तुलना जर्मनी या अन्य यूरोपीय राष्ट्रवाद से नहीं की जा सकती है। उनके मूल में तो विस्तारवाद और साम्राज्यवाद अमानवीयता की हद तक रहा है। हम जिस राष्ट्रवाद की अवधारणा को लेकर चलते हैं, वह सबको बंधुत्व में गूँथनेवाला एकात्मता का स्रोत है।

दरअसल अंग्रेजों ने भारत की संस्कृति और सांस्कृतिक तानेबाने को साजिशन नष्ट किया, ताकि भारत की मूल पहचान से कटकर यहाँ एक ऐसा वर्ग खड़ा हो, जो बौद्धिक स्तर पर न केवल ब्रिटिश दासता की मानसिकता से ग्रस्त हो, बल्कि इसमें ही अपने को गौरवान्वित समझे और भारत को हर दृष्टि से हेय मानने लगे। इसी सोच में रची-पगी इतिहासकारों और बुद्धिजीवियों की एक ऐसी जमात इस देश में पनपती चली गई, जो भारत को यूरोपीय चश्मे से देखने की अभ्यस्त है। आज भी यही लोग कभी रोमिला थापर के रूप में लिखते हैं कि भारत कोई राष्ट्र नहीं है, वह तो पूर्व और पश्चिम की अनेक संस्कृतियों का एक समूह है या उसी जमात से मीरा नंदा का ज्ञान फूट पड़ता है कि भारतीय संस्कृति 'नाजिज्म' की प्रेरणास्रोत है। इनकी नजर में विवेकानंद और बंकिमचंद्र ने भारत का झूठा महिमामंडन किया तथा विपिन चंद्र जैसे स्वानामधन्य इतिहासकार स्वाधीन भारत की नई पीढ़ी को चंद्रशेखर आजाद और भगत सिंह सदृश महान् राष्ट्रभक्तों को 'रिवोल्यूशनरी टेररिस्ट' होने का ज्ञान देने लगे। सदा भारत की छवि भंग करना ही इनका हेतु रहा।

जे.एन.यू. जैसे प्रतिष्ठित शैक्षिक संस्थानों को भारत विरोधी विचारों और संस्कारों को पनपने की नर्सरी बना दिया गया, जहाँ भारत को दस-दस टुकड़े कर देने की घोषणा एवं भारत की संप्रभुता की प्रतीक संसद् पर हमला करनेवाले अफजल को शहीद के रूप में महिमामंडित करने तथा कश्मीर की आजादी का स्वर गुँजाने जैसे 'सांस्कृतिक' आयोजन होते हैं। संविधान में अभिव्यक्ति

की आजादी का हवाला देकर राष्ट्रविरोधी कृत्य करनेवाले यह भूल रहे हैं कि उसी संविधान के अनुच्छेद 19(2) में इस अभिव्यक्ति की सीमाएँ तय की गई हैं। इसमें देश की संप्रभुता, देश के प्रति निष्ठा और देशहित को बनाए रखने के विरुद्ध अभिव्यक्ति की आजादी पर रोक है, यानी ऐसी अभिव्यक्ति या कृत्य देशद्रोह की श्रेणी में आता है। जे.एन.यू. में 9 फरवरी को जो हुआ, उसे देशद्रोह के दायरे से बाहर कैसे रखा जा सकता है, जबकि यह भारत की संप्रभुता और अखंडता को खुली चुनौती है।

(प्रभात खबर, 19.02.2016)

□

आशा और विश्वास का सत्तारोहण

प्रधानमंत्री के रूप में नरेंद्र मोदी का शपथ-ग्रहण किसी एक व्यक्ति या राजनीतिक दल का भारत की केंद्रीय सत्ता की बागडोर सँभालना भर नहीं है। मोदी के भारतीय जनता पार्टी का प्रधानमंत्री उम्मीदवार बनने से लेकर पूरे चुनाव अभियान और मतगणना तक देश में उत्तर से दक्षिण और पूरब से पश्चिम तक जैसा जनोल्लास देखा गया, वह अभूतपूर्व था। मानो हर आदमी देश का प्रधानमंत्री बनने जा रहा हो।

देश के लिए ये बड़े भावुक क्षण हैं, जब जनता सही अर्थों में अपनी सरकार बनते देख रही है। मोदी का यह कहना कि उनकी सरकार गरीबों, युवाओं और महिलाओं को समर्पित है, इसी आश्वस्ति की पुष्टि करता है। वास्तव में लोकतंत्र की असली ताकत यही भावना है, जिसकी परिणति राष्ट्रपति भवन के प्रांगण में हजारों लोगों की उपस्थिति के बीच देखने को मिली। पिछले 67 वर्षों की आजादी के दौरान यदि कुछ साल छोड़ दें, जब कांग्रेस या उसके पोषित दलों की सरकार नहीं रही, अधिकांशत: दिल्ली की सत्ता ने जनाकांक्षाओं के साथ जिस तरह का खिलवाड़ किया है, उसने आम जनता के मन में राजनीति और नेताओं के प्रति जबर्दस्त आक्रोश और अविश्वास भर दिया। पिछले कुछ सालों में कई मौकों पर वह खुलकर सड़कों पर भी देखने को मिला, इससे देश का शायद ही कोई कोना अछूता रहा हो।

मुंबई पर आतंकवादी हमले को लेकर देश की आंतरिक और बाह्य सुरक्षा का तार-तार होना या भ्रष्टाचार के खिलाफ अण्णा हजारे और बाबा रामदेव का आंदोलन अथवा निर्भया के साथ हुई बर्बरता के बाद उसकी मौत से

उपजा महिलाओं के सम्मान व सुरक्षा का मसला, पूरा देश विशेषकर युवा वर्ग राजनीतिक नेतृत्व की कमजोरी, उसकी विफलता और जनहित व राष्ट्रहित के प्रति उसकी उदासीनता से उद्वेलित था। मानो उम्मीदें और विश्वास बिखर चुके हों, यहाँ तक कि महँगाई और लगातार बिगड़ती अर्थव्यवस्था ने भी आम मतदाता की आशाओं पर पानी फेर दिया। चारों ओर हताशा और बेबसी के इस माहौल में जनता देश में एक स्थिर सरकार और मजबूत नेतृत्व के लिए छटपटा रही थी। ऐसे में मोदी अपनी कार्यशैली और गुजरात में सुशासन व विकास की अपनी उपलब्धियों को लेकर देश की जनता की आशाओं का केंद्र बन गए। मोदी ने निराशा के भँवर में फँसी जनता में उसके साथ सीधा संवाद करके देश के हालात बदलने का जो विश्वास जगाया और उम्मीद बँधाई, उसने जनता के मन-मस्तिष्क से सभी राजनीतिक किंतु-परंतु, यहाँ तक कि जाति-मजहब की बंदिशों तक को तोड़कर मोदी के नेतृत्व में एक नए राजनीतिक युग का सूत्रपात किया।

मोदी के रूप में यह जनता की आशा और विश्वास का ही सत्तारोहण है, जिसने अब तक की सारी नकारात्मकता को तिलांजलि देकर एक रचनात्मक और सकारात्मक राजनीति की शुरुआत का संदेश दिया है, जहाँ क्षेत्रवाद, जातिवाद, वंशवाद और मजहबी राजनीतिक विद्वेष के लिए कोई स्थान नहीं होगा। 'सबका साथ, सबका विकास' का मोदी-मंत्र देश की राजनीति की एक नई पहचान बनकर उभरा है। जाहिर है, यही आनेवाले अच्छे दिनों का संवाहक बनेगा।

उम्मीद की जानी चाहिए कि इस सरकार की कार्य-संस्कृति कांग्रेसनीत सरकारों से भिन्न जाति-मजहब और अल्पसंख्यक-बहुसंख्यक जैसे राजनीतिक दुराग्रहों और वोट-राजनीति के हथकंडों से परे एक समर्थ, संपन्न और स्वाभिमानी भारत के निर्माण का मार्ग प्रशस्त करेगी तथा देश की जनता शांति-सद्भाव और खुशहाली के बीच एक नए भारत का उदय देख सकेगी।

(नेशनल दुनिया, 27.05.2014)

□

एक बार फिर मुसकराए बुद्ध

नरेंद्र मोदी के करिश्मे के सामने 16वीं लोकसभा के चुनाव नतीजों और भारतीय जनता पार्टी की जीत को महज ऐतिहासिक, अविश्वसनीय या अप्रत्याशित कहना बौना सा लग रहा है। मोदी स्वतंत्र भारत में अब तक की राजनीतिक लोकप्रियता के सभी मानकों के पार जाकर जिस मुकाम पर खड़े हैं और उनके नायकत्व की जो छवि उभर रही है, वह बेमिसाल है।

मोदी ने जन-सरोकारों और राष्ट्रहित की राजनीति तथा चुनाव प्रबंधन के जिस रसायन का उपयोग किया, उसका तोड़ न तो कांग्रेस के पास निकला और न धर्मनिरपेक्षता के नाम पर मोदी विरोध का राग अलापने वाले तथाकथित सेकुलर दलों के पास। पिछले दस साल में कांग्रेसनीत यू.पी.ए. शासन ने जिस तरह देश को भ्रष्टाचार, महँगाई, बेरोजगार, आतंकवाद और आंतरिक असुरक्षा के गर्त में धकेलकर देश के गौरव को भी दुनिया भर में खंडित किया, उसका यही हश्र होना था। कांग्रेस इतिहास के सबसे बुरे दौर में फँसी कराह रही है।

भारतीय जनता पार्टी ने सफलता के सारे रिकॉर्ड तोड़ दिए हैं। पूर्वोत्तर से लेकर दक्षिण के राज्यों तक में उसने अपनी सशक्त उपस्थिति दर्ज कराकर कांग्रेस के उस दुष्प्रचार की भी धज्जियाँ उड़ा दीं कि भा.ज.पा. पूरे देश की पार्टी नहीं है, वह क्या देश चलाएगी। अपने को 'मेन स्ट्रीम' की पार्टी कहने का कांग्रेस का दंभ पूरी तरह चकनाचूर हो गया।

सरकार को पुश्तैनी जायदाद समझ इस्तेमाल करते रहे सामंती सोच के झंडाबरदार धूल चाटते नजर आए। देश के मुसलिम समुदाय को मोदी का हौवा खड़ा कर डराने और खुद उसका हितैषी होने का ढोंग करनेवाले दल और नेता

खासकर मायावती, मुलायम सिंह, नीतीश और लालू यादव खुद मजहबी राजनीति की चपेट में आ गए और भा.ज.पा. को मिला मुसलिम जन-समर्थन उनके लिए बूमरेंग जैसा साबित हुआ। वंशवाद और जाति-मजहब की राजनीति ने भी मोदी के करिश्मे के आगे घुटने टेक दिए। एक बात और, भा.ज.पा. की यह बंपर जीत केवल यू.पी.ए. सरकार की विफलता से उपजी नकारात्मकता का नतीजा भर नहीं है, बल्कि मोदी देश की जनता को सुरक्षा, समृद्धि, शांति और सद्भाव का भरोसा दिला सके, यह उसकी सकारात्मक परिणति है।

1977 के 37 साल बाद यह ऐतिहासिक अवसर है, जब किसी सरकार के कुशासन और जनविरोधी नीतियों के खिलाफ पूरे देश में जनाक्रोश इस कदर मुखर हुआ कि किसी गैर-कांग्रेसी दल को इतना प्रचंड बहुमत देकर जनता ने देश की बागडोर सौंप दी। वोट की ताकत से हुए इस बदलाव को मोदी भारत की जीत कह रहे हैं।

सच है, जब दुनिया भर में लोकतंत्र की दीवारें दरक रही हैं और सत्ता-परिवर्तन की इबारत रक्तरंजित है, तब इस देश की जनता इतना बड़ा उलट-फेर शांतिपूर्वक कर देती है केवल वोट के सहारे। भारत की यह लोकतांत्रिक भावना क्या किसी चमत्कार से कम है ?

जनता की नब्ज को भाँपकर मोदी ने जो पूर्वानुमान व्यक्त किए थे, वे सच साबित हुए। उनका कांग्रेस मुक्त भारत का संकल्प पूरा हो रहा है और 1998 में वाजपेयी सरकार द्वारा कराए गए परमाणु विस्फोट के समय मुसकराने वाले बुद्ध मानो एक बार फिर मुसकरा रहे हैं कि भारत में अच्छे दिन आनेवाले हैं। देश को मजबूत और स्थिर सरकार देने का वादा करनेवाला नेतृत्व आश्वस्ति दे रहा है कि वह शांति और सद्भावपूर्वक 'सबका साथ सबका विकास' का सपना साकार करेगा। चुनौतियाँ बड़ी हैं। जनता का विश्वास न टूटे, यह भी जरूरी है। अब केवल छह करोड़ गुजरातियों के नहीं, सवा सौ करोड़ हिंदुस्तानियों के गौरव को बढ़ाने का दायित्व है मोदी पर।

(नेशनल दुनिया, 17.05.2014)

□

भारतीय राजनीति में नए युग की शुरुआत

यह भारतीय राजनीति में एक नए युग की शुरुआत है। केंद्र की सत्ता के लिए तीस साल बाद भा.ज.पा. के रूप में किसी एक दल को स्पष्ट बहुमत मिला है। जिस उम्मीद में भा.ज.पा. ने नरेंद्र मोदी को प्रधानमंत्री पद का उम्मीदवार घोषित किया और मोदी ने जिस तरीके से चुनाव अभियान चलाया, उससे साफ जाहिर होता है कि एक नई भा.ज.पा. उभरकर सामने आई है। ऐतिहासिक चुनावी जीत के बाद मोदी का भा.ज.पा. संसदीय दल और एन.डी.ए. का नेता चुना जाना स्वाभाविक था, लेकिन जिस तरीके से आडवाणीजी ने इसका प्रस्ताव किया और अन्य वरिष्ठ नेताओं ने अनुमोदन किया, उससे साफ है कि पार्टी अपने अंतर्विरोधों से आगे बढ़ चुकी है।

ताजा राजनीतिक घटनाक्रम से एक बात साफ है कि इस बार के लोकसभा चुनाव के परिणाम ने भारतीय राजनीति के मानक बदल दिए हैं। 67 सालों से जिस तरह जातिवाद, क्षेत्रवाद को बढ़ावा देकर राजनीति की गई, इस चुनाव में जनता ने उसे नकारते हुए सुशासन और विकास के नाम पर वोट किया। चुनाव में पहली बार जाति और मजहब की सीमाएँ टूटी हैं। छद्म धर्मनिरपेक्षता का नारा देकर एक खास वर्ग को वोट-बैंक के तौर पर इस्तेमाल करनेवाले दलों को जनता ने आईना दिखा दिया है। नतीजों से साफ है कि जनता ने पारंपरिक सोच से ऊपर उठकर नरेंद्र मोदी पर भरोसा जताया है।

जिस तरह नरेंद्र मोदी ने पार्टी के संसदीय दल की बैठक में कहा कि यह

गरीबों, किसानों व मजदूरों की सरकार है, इसे एक नए युग के सूत्रपात के तौर पर देखा जाना चाहिए। मोदी पर आक्षेप लगते थे कि वे कॉरपोरेट के हितों के रक्षक हैं, लेकिन मोदी ने चुनाव जीतने के बाद भी अपने संबोधनों में देश के विकास के साथ ही 'सबका विकास' पर जोर दिया है। उनके संबोधन से साफ है कि यह मोदी सरकार गरीबों के हितों के प्रति समर्पित होगी। सही मायने में इसे लोकतंत्र का आगाज कह सकते हैं।

मौजूदा चुनाव अभियान में कांग्रेस से लेकर कई क्षेत्रीय दल भी किसी प्रकार मोदी को रोकने को ही अपना एजेंडा बनाए हुए थे। धर्मनिरपेक्षता के नाम पर मोदी को लगातार निशाना बनाया गया। अब जनता ने जैसा जनादेश दिया है, उससे तमाम दलों को सबक लेना चाहिए, चुनाव में जनता ने विभिन्न दलों के गैर-भाजपावाद को पूरी तरह नकार दिया। एन.डी.ए. को दलित, आदिवासी और मुसलमानों का समर्थन मिला है, यानी सामाजिक न्याय की राजनीति करनेवालों के झूठे दावों को भी जनता ने नकार दिया। मुसलमान इस देश के अभिन्न अंग हैं, लेकिन धर्मनिरपेक्षता के नाम पर इस वर्ग को अलग-थलग करने की कोशिश की जाती रही है। इस चुनाव में धर्मनिरपेक्ष दलों का असली चेहरा भी उजागर हो गया। मोदी ने साफ कहा कि सरकार संविधान के अनुसार चलती है। जनता ने मोदी को समर्थ और समृद्ध भारत के सपने को पूरा करने के लिए जनादेश दिया है। एक मजबूत नेता ही इस सपने को पूरा कर सकता है।

(प्रभात खबर, 21.05.2014)

□

नमो का संदेश शतक

प्रधानमंत्री के रूप में नरेंद्र मोदी और उनकी सरकार के सौ दिन भले ही विपक्ष, खासकर कांग्रेस की आलोचना का शिकार बन रहे हों, लेकिन शायद इस सबसे बेफिक्र मोदी देश के दूरगामी हितों के मद्देनजर कई छोटी-छोटी बातें जनता के सामने रखकर देश के निवनिर्माण में सबकी भागीदारी सुनिश्चित करने की कोशिशों में जुटे दिखते हैं। शिक्षक दिवस पर देश के करीब 18 लाख सरकारी और निजी स्कूलों में उनके संबोधन की योजना का भले ही उनके विरोधियों ने प्रवचन कहकर उपहास उड़ाया हो, लेकिन स्कूली बच्चों की प्रतिक्रिया बेहद उत्साहजनक दिखी। एक बच्चे ने तो खुशी जाहिर की कि प्रधानमंत्री बड़े-बड़े दावे और वादे की बजाय स्कूलों में टॉयलेट बनवाने जैसी छोटी-छोटी बातों पर ध्यान दे रहे हैं। मोदी ने बच्चों को दिन में चार-पाँच बार पसीना बहाने यानी खेलने, महापुरुषों के जीवन-चरित्र पढ़ने और बिजली बचाने की सीख दी। इस अवसर पर प्रधानमंत्री ने भाषण कम दिया, देश भर के बच्चों से संवाद ज्यादा किया। इससे प्रधानमंत्री नरेंद्र मोदी की कार्यशैली और दिशा को समझा जा सकता है।

पिछले साल 15 अगस्त के अवसर पर स्वतंत्रता दिवस के आयोजन में जब गुजरात के मुख्यमंत्री के रूप में नरेंद्र मोदी ने लाल किले की पृष्ठभूमिवाले मंच से भाषण दिया था तो मानो राजनीतिक भूचाल सा आ गया था। मोदी विरोधियों को उनके खिलाफ निंदा अभियान चलाने का एक और मौका मिल गया था कि देखो मोदी की महत्त्वाकांक्षा, असली मौका तो मिलने से रहा, नकली लाल किले

के सामने खड़े होकर भाषण दे दिया। तब खिल्ली उड़ानेवालों में से शायद ही किसी ने सोचा हो कि एक साल बाद मोदी प्रधानमंत्री के रूप में लाल किले की प्राचीर से ही राष्ट्र को संबोधित करेंगे। संबोधन भी ऐसा कि उस पर सारा देश मुग्ध हो गया। आमतौर पर प्रधानमंत्री की ओर से बड़ी-बड़ी घोषणाओं की परंपरावाला स्वाधीनता दिवस समारोह मानो देशवासियों के लिए आत्मचिंतन का महापर्व बन गया। छोटी-छोटी बातें, जिन्हें अपने को बड़ा दिखाने की झोंक में नजरअंदाज कर दिया जाता है, जो वास्तव में किसी व्यक्ति, समाज या देश को उन्नयन के शिखर पर पहुँचाने की कुव्वत रखती हैं, उन्हें लेकर प्रधानमंत्री के रूप में राष्ट्र के नाम अपने पहले ही संबोधन में नरेंद्र मोदी ने जब लाल किले की प्राचीर से देशवासियों का आह्वान किया तो जैसे देश को एक नई दिशा मिली। क्या युवा वर्ग, क्या महिलाएँ और क्या कॉरपोरेट जगत् सब ओर इस नई पहल का स्वागत हुआ। भले ही कांग्रेस व अन्य विरोधी दल इस बात को लेकर आलोचना करते रहे कि उम्मीद थी कि मोदी इस अवसर पर कोई बड़ी घोषणा करेंगे, परंतु उन्होंने निराश किया। लेकिन जनता में निराशा नहीं थी, बल्कि उसके मन में देश के नवनिर्माण का संकल्प जागा कि इसके लिए सरकार की ही नहीं, हम सबकी जिम्मेदारी है। लंबे समय बाद पहली बार लगा कि 15 अगस्त केवल एक परंपरागत रूप से मनाया जानेवाला राष्ट्रीय पर्व न रहकर राष्ट्रीय आकांक्षाओं और उल्लास का पर्व बन गया। महात्मा गांधी से लेकर दीनदयाल उपाध्याय और लालबहादुर शास्त्री जैसे राष्ट्रचेता महापुरुषों का स्मरण कर मोदी ने भारत के विकास, सामाजिक सौहार्द और राष्ट्रोन्मुख राजनीति की दिशा तय कर दी।

कांग्रेस के नेतृत्ववाली पिछली संप्रग सरकार सौ दिन में महँगाई खत्म करने का वादा करके सत्ता में आई थी, लेकिन उसके दस साल के शासन में महँगाई इस कदर बढ़ी कि आम जनता का जीना मुहाल हो गया। मनमोहन सरकार की गलत और जनविरोधी नीतियों के कारण अर्थव्यवस्था पर जो मार पड़ी, उससे तत्काल महँगाई से निजात दिलाना या बिगड़े आर्थिक हालात को पटरी पर लाना किसी भी सरकार के लिए संभव नहीं है। यह सही है कि किसी भी प्रधानमंत्री के पास जादुई छड़ी नहीं हो सकती कि छड़ी घुमाई और अच्छे दिन आ गए। हाँ, सरकार व उसके नेतृत्व की नीयत और कार्यशैली देखकर जरूर यह संदेश

जाता है कि आनेवाला समय देश और जनता के लिए कैसा होगा? आर्थिक विकास दर ने 5.7 तक पहुँचकर सुधरते आर्थिक हालात का संकेत दे दिया है, इससे अर्थजगत् गद्‌गद है।

सरकार ने आलू-प्याज के भंडारण की सीमा तय करके यह संकेत दे दिया कि मुनाफाखोरी और जमाखोरी पर अंकुश लगेगा, ताकि खाद्य वस्तुओं की कीमतों में मनमानी बढ़ोतरी न की जा सके। नतीजतन आसमान छू रहे प्याज के दाम जमीन पर आ गए। मोदी तो स्वयं कह चुके हैं कि आर्थिक हालात को पटरी पर लाने के लिए कुछ कड़े फैसले लेने होंगे, ताकि जनता की दीर्घकालीन खुशहाली का इंतजाम किया जा सके। रेल-किराए में वृद्धि इसी तरह का फैसला था। रेल को घाटे से उबारना है और यात्रियों के लिए सुविधाजनक बनाना है तो इससे बचा नहीं जा सकता। लालू यादव ने रेलमंत्री के तौर पर जो लोक लुभावन नजारा पेश किया, उसने लालू यादव को भले ही मैनेजमेंट गुरु बना दिया हो, लेकिन रेलवे का तो भट्‌ठा बैठ गया।

नेता हों या नौकरशाह, आमतौर पर इन्होंने सत्ता के गलियारों में जिस कार्य संस्कृति का रोपण किया, वह जनकल्याण और राष्ट्रहित को शायद ही प्राथमिकता पर रखती हो। परिणामत: 67 वर्षों की स्वाधीनता के बाद भी भारत में जनसरोकारों को परिपुष्ट करनेवाली और राष्ट्राभिमुख राजनीति का पोषण नहीं हो पाया। इसमें करीब 60 वर्षों तक तो कांग्रेस का ही शासन रहा। संप्रग के एक दशक के शासन काल में तो कांग्रेस के नेतृत्व में सत्तारूढ़ गठबंधन ने सुशासन की सारी मर्यादाएँ ही तोड़ दीं। नतीजतन उस सरकार की छत्रछाया में भ्रष्टाचार का तो एक के बाद एक रिकॉर्ड बना ही, आंतरिक और राष्ट्रीय सुरक्षा का मोरचा हो या सामाजिक सद्‌भाव का, सब सत्ता स्वार्थों की भेंट चढ़ गए। इस निराशा में जनता ने जिस विश्वास के साथ नरेंद्र मोदी और भारतीय जनता पार्टी को विकल्प के रूप में चुना, प्रधानमंत्री ने पहले दिन में उस भरोसे के इर्द-गिर्द ही सरकार के कामकाज का ताना-बाना बुनना शुरू किया है।

देश की दिशा और दशा तय करनेवाली सत्ता की कार्यसंस्कृति को जनाकांक्षाओं के अनुरूप ढालना शायद उनकी पहली प्राथमिकता थी। इसलिए न केवल सरकारी दफ्तरों में समय की पाबंदी और माहौल बदलना सुनिश्चित

किया गया, बल्कि चपरासी को छोड़कर सभी सरकारी कर्मचारियों और मंत्रियों की संपत्ति का ब्योरा सार्वजनिक करने के निर्देश भी दे दिए गए। यहाँ तक कि मंत्रियों, सांसदों के निजी स्टाफ में परिवारीजन शामिल न किए जाने तक की हिदायतें दी गईं। इन पर प्रधानमंत्री की सीधी नजर भी है। तभी तो भा.ज.पा. की एक महिला सांसद द्वारा अपने पिता को सांसद प्रतिनिधि बनाए जाने पर मोदी ने सीधा हस्तक्षेप किया। केंद्र सरकार के कार्यालयों में इस बदली कार्यसंस्कृति का खौफ देखा जा सकता है। पार्टी सांसदों और मंत्रियों के बीच भी संसद् और क्षेत्र में अपनी जिम्मेदारियों के प्रति सतर्कता बखूबी देखी जा रही है।

'सबका साथ–सबका विकास' के मोदी मंत्र ने जिस तरह जनता को अभिभूत किया, उसी का नतीजा था कि देश भर के मतदाता ने जाति–मजहब के सारे राजनीतिक दुराग्रहों को झटककर ऐतिहासिक जनादेश दिया और 30 वर्ष बाद किसी एक दल को पूर्ण बहुमत से सरकार बनाने का मौका मिला। नरेंद्र मोदी के खिलाफ कांग्रेस और अन्य कथित सेकुलर दलों की मुहिम चाहे वह मोदी को मुसलिम समुदाय का दुश्मन, धर्मनिरपेक्षता के लिए सबसे बड़ा खतरा या सांप्रदायिक ध्रुवीकरण करनेवाला बताने की ही क्यों न रही हो, की जनता ने हवा निकाल दी। कह सकते हैं कि मोदी का जादू जनता के सिर चढ़कर बोला। अपने प्रति जनता के इस विश्वास पर खरा उतरने की चुनौती, विकास और सुशासन की राह की कठिनाइयों को मोदी बखूबी समझते हैं। इसलिए पहली ही नजर में अपनी सरकार का एजेंडा तय करते हुए उन्होंने घोषणा की कि उनकी सरकार युवाओं, महिलाओं और गरीबों के लिए समर्पित है। गरीबों के हितों के लिए सरकार ने विश्व व्यापार संगठन से टकराने में भी गुरेज नहीं किया और खाद्य सब्सिडी के मुद्दे पर किसी अंतरराष्ट्रीय दबाव के आगे नहीं झुकी।

'न खाऊँगा न खाने दूँगा' की भ्रष्टाचार के विरुद्ध अपनी प्रतिबद्धता दिखाते हुए मोदी सरकार ने कालेधन पर सर्वोच्च न्यायालय के आदेश का पालन करते हुए विशेष जाँच दल (एस.आई.टी.) का गठन कर दिया। जबकि पिछली संप्रग सरकार तीन साल से इसे टालती रही। विदेशों से कालाधन वापस लाने के मुद्दे पर सुप्रीम कोर्ट का संतोष जताना मोदी सरकार की बड़ी उपलब्धि कही जा सकती है।

स्वतंत्रता दिवस समारोह में लाल किले से कन्याभ्रूण संरक्षण, महिला सुरक्षा, स्वच्छता और गाँव-किसान जैसे मुद्दों को प्रमुखता देकर मोदी ने सुशासन और विकास की दिशा तय कर दी है। प्रधानमंत्री जन-धन योजना के तहत पहले ही दिन डेढ़ करोड़ से ज्यादा बैंक खाते खुलना सरकार की प्रतिबद्धता जतानेवाला है। 'न आँखें दिखाकर बात करेंगे, न आँखें झुकाकर, आँख मिलाकर बात करेंगे' जैसा संकल्प जताकर प्रधानमंत्री ने देश की विदेश नीति का खाका भी खींच दिया है, जो अंतरराष्ट्रीय मंच पर भारत को 'सॉफ्ट स्टेट' की दब्बू छवि से निकालकर स्वाभिमानी और समर्थ राष्ट्र के रूप में प्रतिष्ठित करेगी।

(नेशनल दुनिया, 07.09.2014)

□

मोदी सरकार ने तोड़ा 'नेहरू मॉडल' का मिथ

देश की स्वाधीनता के बाद से ही 'नेहरू मॉडल' भारत की राजनीति और विकास की संकल्पना का सबसे बड़ा मिथ रहा है। इतना कि एक समय तो देश में यह वातावरण बना दिया गया कि नेहरूजी के बाद देश का क्या होगा, कौन सँभालेगा इस देश को, कैसे चलेगा यह देश? इस व्यक्तिवादी मानसिकता का राजनैतिक पोषण करते समय यह भुला दिया गया कि देश व्यक्ति से बड़ा होता है। परिणामत: करीब 60 वर्षों तक देश को इसी सोच की गिरफ्त में बाँधे रखा गया और राजनीति समाजोन्मुखी न होकर सत्तान्मुखी होती चली गई।

इस बीच देश ज्यादातर समय तो कांग्रेस शासन में ही चला या फिर कांग्रेसी मानसिकता में ढले नेताओं और दलों के द्वारा कार्य संचालित हुए। देश की खुशहाली और विकास का मानक नेहरू मॉडल ही माना जाता रहा। लेकिन नेहरू मॉडल न तो समावेशी विकास की राह पकड़ सका, न टिकाऊ विकास की; बल्कि इसने विकास और जनकल्याण में अंतर्विरोध पैदा कर दिया। इस विकास की दौड़ ने सबसे बड़ा संकट खड़ा कर दिया कृषि के लिए, जो भारत जैसे कृषि प्रधान देश की अर्थव्यवस्था की रीढ़ मानी जाती रही है। स्वदेशी उद्योग-धंधों को भी इसकी मार झेलनी पड़ी और वे भी कृषि की तरह ही चौपट होते चले गए। किसानों की आत्महत्या देश का सबसे बड़ा कलंक बन गई।

प्रधानमंत्री नरेंद्र मोदी के हाथों में देश की बागडोर आने के बाद देश की आर्थिक संरचना को स्वदेशी और आत्मनिर्भर ढाँचे में ढालने के लिए उसे नेहरू

मॉडल के मिथ से निकालकर जनोन्मुख बनाने का बदलाव आया है। प्रधानमंत्री पद की शपथ ग्रहण करने के बाद नरेंद्र मोदी की सबसे पहली घोषणा कि यह गरीबों, मजदूरों व किसानों की सरकार है, इस दृष्टि से न केवल आश्वस्तकारी थी, बल्कि सरकार ने आनेवाले समय में नीति निर्धारण व क्रियान्वयन से इसे साबित भी किया।

'सबका साथ-सबका विकास' मंत्र इसका दिशाबोधक बना। महात्मा गांधी ने 'हिंद स्वराज' में विकास की जिन संकल्पनाओं को नुकसानदेह बताकर खारिज किया, नेहरू मॉडल उन्हीं को स्वीकार करता चला गया और गांधी की ग्राम स्वराज जैसी अवधारणाओं को हाशिये पर डालता रहा। परिणामत: विकास एकांगी रूप में तो हुआ, उससे देश की तरक्की भी दिखती रही, लेकिन जनता के बीच आर्थिक असंतुलन की एक बड़ी खाई उसने पैदा कर दी। यह विकास न समावेशी था, न टिकाऊ।

मोदी सरकार ने पहली बार विकास की अवधारणा को जनोन्मुख बनाने की दिशा में आगे कदम बढ़ाया है। किसान हों या मजदूर अथवा नौजवान, सभी वर्गों को गरीबी के दायरे से निकाल आर्थिक आत्मनिर्भरता की जमीन पर खड़ा करने के लिए योजनाओं का एक ऐसा व्यापक ढाँचा तैयार किया, जो पंचवर्षीय नहीं, तत्काल और दीर्घकाल तक टिकाऊ हो। योजना आयोग जैसी संस्था, जो विदेशी विकास के अध्ययन और निष्कर्षों पर आधारित रूपरेखा बनाने में ही अपना ज्यादा समय और धन व्यय करती रही, देश की जमीनी हकीकतों को उतनी तवज्जो नहीं मिली, उसे खत्म कर नीति आयोग बनाया जाना आर्थिक संरचना के व्यापक सामाजिक सरोकारों की ओर बड़ा कदम था। पंचवर्षीय योजनाएँ तो नेहरू मॉडल के आर्थिक विकास की भूलभुलैया ही साबित होती रहीं। नेहरू मॉडल गरीब कल्याण का मॉडल नहीं बन सका, जबकि मोदी मॉडल अंतिम पायदान पर खड़े व्यक्ति की खुशहाली पर केंद्रित है।

सरकार ने कृषि के विकास के लिए प्रधानमंत्री सिंचाई योजना से लेकर मिट्टी की जाँच के लिए सॉइल कार्ड और यूरिया में नीम की कोटिंग कराके उसे बड़े घरानों की गिरफ्त से निकालकर आम किसान की पहुँच में लाने जैसी बुनियादी शुरुआत की। भारत जैसे दुनिया के सर्वाधिक युवा आबादीवाले देश

में रोजगार केवल नौकरियों के भरोसे होना पर्याप्त नहीं है, बल्कि एक युवक दूसरों को रोजगार देने के काबिल बने और लघु-मँझोले उद्योगों का विकास हो, मजबूती मिले, इसे ध्यान में रखकर 'स्किल डेवलपमेंट', 'मुद्रा योजना', 'मेक इन इंडिया', 'स्टार्ट अप' जैसी योजनाएँ शुरू की जा चुकी हैं और उनका लाभ मिलना भी शुरू हो गया है। इतना ही नहीं, देश में चिकित्सा क्षेत्र में आयुर्वेद पद्धति का उपयोग व स्वीकार्यता बढ़ाने के लिए भी सरकार ने अलग से 'आयुष मंत्रालय' का गठन किया है, जो नेहरू मॉडल की सोच में दूर-दूर तक नहीं था।

नेहरू मॉडल जहाँ विकास की विदेशी सोच को आयातित कर भारत में अस्वाभाविक रूप से थोपने का प्रयास करता रहा, वहीं गुजरात में सफल हुआ मोदी मॉडल अब पूरे भारतीय परिदृश्य में स्वदेशी व आधुनिक चिंतन का समावेश कर अपना प्रभाव दिखाना शुरू कर चुका है। छह दशकों से ज्यादा समय तक हावी रही गलत सोच व दिशाहीन आर्थिक संरचना को रातोरात पटरी पर लाना आसान नहीं है, लेकिन उसका दिशाबोध बीते ढाई साल में मिलना शुभ संकेत है। आज भारत दुनिया में तेजी से बढ़ती अर्थव्यवस्था के रूप में शुमार हो रहा है, यह मोदी सरकार की बड़ी उपलब्धि है।

विकास का केवल आर्थिक रूप ही नहीं होता, बल्कि विश्व में अपने देश को सम्मानित, सशक्त और स्वाभिमानी राष्ट्र के रूप में देखने का नजरिया हो, यही विकास की पूर्णता है। भारत की छवि, जो एक 'घुटना टेक' देश के रूप में बना दी गई थी, वह अब बीते दिनों का दुःस्वप्न जैसा हो गया है। आज पाकिस्तान, चीन जैसे कलुषित मन के पड़ोसी हों या भारत को पिछलग्गू माननेवाला अमरीका, भारत की धमक पूरी दुनिया में कायम हुई है और भारत आँखों-में-आँखें डालकर बात करनेवाला देश बन गया है। आतंकवाद के नाम पर जो पाकिस्तान हमें चीन का सहारा पाकर धौंसियाने और चोट पहुँचाने में लगातार जुटा रहता था, आज न केवल उसकी कलई खुल गई है, बल्कि वह अलग-थलग पड़ा छटपटा रहा है। यह मोदी सरकार की निर्भयता और कूटनीतिक समझदारी का परिणाम है। सर्जिकल स्ट्राइक इसका सबसे ताजा उदाहरण है कि आज पाकिस्तान को रोने के लिए एक कंधा तक नहीं मिल पा रहा।

राष्ट्रीय नेतृत्व जब सत्ता-स्वार्थों से ऊपर उठकर तथा देशहित को सर्वोपरि

मानकर काम करता है, तब हर देशवासी का मस्तक उसके प्रति विश्वास और सम्मान से ऊँचा हो जाता है। यही वजह है कि कभी मोदीजी के 56 इंच के सीने का मजाक उड़ानेवाले विघ्नसंतोषी आज जनभावनाओं के सामने मुँह छिपाते फिर रहे हैं। मोदी सरकार की सोच और कृतित्व का आधार निस्संदेह प्रबल राष्ट्रीयता की भावना है। देश में यह भावना जितनी बलवती होगी, उतना ही भारत यशस्वी होगा। मोदी सरकार का नारा 'एक भारत-श्रेष्ठ भारत' इसी भावना का प्रतिफलन है।

(दैनिक स्वदेश, 03.11.2016)

□

आलोचनाओं के बीच मोदी

ऐसा लगता है कि विवादों और नरेंद्र मोदी का चोली-दामन का साथ है। हैदराबाद की रैली को लेकर विवाद निपटा नहीं था कि लालकिले से प्रधानमंत्री डॉ. मनमोहन सिंह के भाषण के जवाब में भुज के लालन कॉलेज में भाषण देना मोदी के लिए विवादास्पद बन गया। हालाँकि मोदी ने बिगड़ते हालात, राष्ट्रीय सुरक्षा, भ्रष्टाचार, महँगाई जैसे मुद्दों से प्रधानमंत्री के किनारा कर लेने पर ही चोट की है। यद्यपि भा.ज.पा. के वरिष्ठ नेता आडवाणी तक ने प्रकारांतर से इसकी आलोचना की है, पर मोदी ने व्यक्तिगत नहीं, व्यवस्था पर ही टिप्पणी की है। इसके लिए कांग्रेस ने मोदी को 'खलनायक' के तमगे से नवाजा है, पर ऐसी आलोचनाओं से घबरा जाएँ तो मोदी ही क्या! कांग्रेस तो उन्हें 'मौत का सौदागर' व 'यमराज' तक कह चुकी है।

पिछले दिनों हैदराबाद में हुई रैली में अमेरिकी राष्ट्रपति बराक ओबामा की शैली में मोदी का उछाला नारा 'यस, वी कैन' और 'यस, वी विल डू' मोदी के आलोचकों को उनकी निंदा करने का एक मौका दे गया। मानो यह ओबामा का पेटेंट था और मोदी ने ऐसा बोलकर कोई अपराध कर दिया हो। जबकि आलोचकों को पता होना चाहिए कि यह उद्घोष मूलत: स्वामी विवेकानंद का है, जिसे उन्होंने शिकागो की विश्व धर्म संसद् में अपने उद्बोधनों में बोला था। यह विडंबना ही है कि हिंदुत्व को सांप्रदायिक कहकर कोसनेवाले सेकुलर अपने ही संत की वाणी भूल गए और ओबामा ने उसे याद रखा। मोदी खुद ओबामा से पहले ही बोल चुके हैं—"गुजरात कैन, गुजरात विल डू।" दरअसल मोदी

के खिलाफ दुष्प्रचार उनके विरोधियों का शगल बन चुका है। वे चाहे जो करें या कहें, वही चर्चा के केंद्र में आ जाता है। इससे यह तो साफ है कि आप मोदी का या तो समर्थन करेंगे या विरोध, लेकिन उन्हें नजरअंदाज नहीं कर सकते।

हैदराबाद की नवभारत युवाभेरी रैली को ही लें, इसके लिए पाँच रुपए का टिकट रखने की योजना की विरोधियों ने खूब आलोचना की और रैली की सफलता पर संदेह जताया। टिकट की खिल्ली उड़ाते हुए कहा गया कि यह रैली मोदी की लोकप्रियता की हवा निकाल देगी। लेकिन हुआ उलटा। रैली में एक लाख तक लोगों के पहुँचने की खबरों से मीडिया अटा पड़ा है, लेकिन वह मोदी ही क्या, जिन पर वार करने का एक भी मौका उनके विरोधी चूक जाएँ! यह विरोध और आलोचना ही मानो मोदी की ताकत बन गई है, जो उन्हें लगातार चर्चा में रखकर उनकी लोकप्रियता को संजीवनी देती है। मानो मोदी एक ऐसी गेंद हैं, जो जितनी ताकत से जमीन पर पटकी जाएगी, उतनी ही तेजी से ज्यादा ऊँचाई की ओर उछलेगी। मोदी के प्रति इतनी बड़ी संख्या में जनता, विशेषकर युवाओं का आकर्षण है, वह भी कांग्रेस के गढ़ माने जानेवाले आंध्र प्रदेश में कि टिकट लेकर भी रैली में भारी भीड़ उमड़ पड़ी।

गत आम चुनाव में कांग्रेस आंध्र से ही सबसे ज्यादा लोकसभा सीटें जीतकर आई थी। आगामी आम चुनाव में उस जीत को दोहराने में जगमोहन रेड्डी की बगावत ने बाधा खड़ी कर दी है। कांग्रेस की इन चिंताओं में से ही तेलंगाना राज्य का शिगूफा निकला, ताकि वोट बटोरे जा सकें। जनभावनाओं के अनुरूप वहाँ मोदी की सेंध उसे विचलित कर रही है। इसलिए कांग्रेस महासचिव दिग्विजय सिंह, जो आंध्र प्रदेश के प्रभारी भी हैं, रैली में टिकटों का फर्जीवाड़ा बता रहे हैं। यानी भा.ज.पा. ने पाँच रुपए के टिकट का झूठा प्रचार कर खुद रैली के लिए रजिस्ट्रेशन का पैसा जमा कर दिया और इसे मोदी की लोकप्रियता से जोड़कर दिखाया जा रहा है कि टिकट खरीदकर भी इतने लोग रैली में शामिल हुए। लेकिन इस सच्चाई को आप कैसे झुठलाएँगे कि जब नेताओं के प्रति आम लोगों का भरोसा उठ रहा हो, तब टिकट खरीदकर भी मोदी की सभा में लोग उमड़े। ऐसे समय में जब रैलियों में भीड़ जुटाने को राजनीतिक दल बड़े पैमाने पर बसों से लेकर खाने-पीने तक की दूसरी कई तरह की सुविधाएँ मुहैया कराते हों,

टिकट खरीदकर किसी सभा में करीब एक लाख की भीड़ जुटना बड़ी बात है। देश के मौजूदा हालात से निराश–हताश जनता के मन में आशा और विश्वास जगाना मोदी की यू.एस.पी. है। उनका यह कहना कि लोग युवाओं को देश का भविष्य बताते हैं, लेकिन मुझे तो युवाओं के भविष्य की चिंता है, नौजवानों को उनका दीवाना बना देता है।

आज राष्ट्रीय सुरक्षा से लेकर आंतरिक अमन–चैन और जनता की खुशहाली तक, सब पर ग्रहण लगा है। पाकिस्तान और चीन आए दिन भारत की संप्रभुता को चुनौती देते हुए हमारी सीमा में घुसकर मनमानी करते हैं, जबकि मनमोहन सरकार 'सब ठीक है' कहकर वार्त्ता से मसलों को निपटाने की खुशफहमी में जीती है। सीमा पर हमारे पाँच बहादुर जवान पाकिस्तानी हमले में शहीद हो जाते हैं और प्रधानमंत्री के मुखारबिंद से एक शब्द भी नहीं झरता। देश की जनता पहली बार ऐसा कमजोर और मजबूर नेतृत्व देख रही है, जो भारत के विरुद्ध लगातार षड्यंत्र रचनेवाले पड़ोसी देश के प्रधानमंत्री को शांतिपुरुष की संज्ञा से नवाजे। पाकिस्तानी खाद–पानी से भारत में फलता–फूलता आतंकवाद देश की एकता–अखंडता और आंतरिक सुरक्षा के लिए सबसे बड़ा खतरा बन गया है, पर जनता सिर्फ अपनों की लाशें गिनने को मजबूर है। उस आतंकवाद से कड़ाई से निपटने में वोट का गणित आड़े आता है, इसलिए सत्तारूढ़ नेता आतंकवादियों की पैरवी करते देखे जाते हैं, इन्हें आतंकवादियों को कुचलने के लिए की गई मुठभेड़ फर्जी नजर आती है, इनमें प्राण गँवानेवाले जाँबाज जवानों की शहादत पर उँगली उठाने में जरा भी संकोच नहीं होता। इन सबके बीच भ्रष्टाचार का ऐसा अजगर खड़ा कर दिया गया है, जो देश के विकास और लोक–कल्याण की संकल्पनाओं को लील रहा है। महँगाई और अभावों से त्राहि–त्राहि कर रही जनता का मजाक उड़ाने के लिए गरीबी के नित नए मापदंड सामने लाए जाते हैं, ताकि कहा जा सके कि देखो, हमने गरीबी कितनी कम कर दी। आर्थिक विशेषज्ञों की मानें तो सरकार न तो देश की अर्थव्यवस्था बचा पा रही है और न ही देश की मुद्रा का सम्मान।

मोदी ने हैदराबाद रैली में ये सारे मुद्दे उठाकर न केवल जनता को झकझोरा, बल्कि जनता को उनमें एक मजबूत नेतृत्व की झलक भी दिखाई दे

रही है। 'यस वी विल डू' कहने पर भले ही उन पर ओबामा की नकल करने की तोहमत लगाई जा रही हो, लेकिन उन्होंने जनता में यह भरोसा जगाया है कि वे देश के हालात बदल सकते हैं। यह भरोसा अब भा.ज.पा. को भी मोदी में जताना होगा। अब समय आ गया है कि भा.ज.पा. सारे किंतु-परंतु और अंतर्द्वंद्वों से ऊपर उठकर नरेंद्र मोदी को प्रधानमंत्री पद का उम्मीदवार घोषित करे, ताकि देश की जनता मोदी में राष्ट्रीय नेतृत्व की जिन संभावनाओं को देख रही है, उन्हें साकार होने का अवसर मिल सके।

(नेशनल दुनिया, 12.08.2013)

□

मोदी, हिंदुत्व और विकास

अगले लोकसभा चुनाव की तैयारियों के बीच राम मंदिर मुद्दा फिर चर्चा में है। नरेंद्र मोदी का दाहिना हाथ माने जानेवाले अमित शाह को भा.ज.पा. का महासचिव और यू.पी. का प्रभारी बनाए जाने के बाद ही स्पष्ट हो गया था कि अगले चुनाव में मोदी का विकास और हिंदुत्व का मिश्रित एजेंडा चलेगा। दोनों ही मोदी की यू.एस.पी. माने जाते हैं। मोदी को भा.ज.पा. चुनाव प्रचार-समिति की कमान सौंपे जाने के बाद यह बात पुख्ता हो गई कि हिंदुत्व भा.ज.पा. का चुनावी एजेंडा बनने जा रहा है। अब अमित शाह ने रामलला से भव्य मंदिर निर्माण का आशीर्वाद माँगने की बात कह इसका संकेत भी दे दिया है। हालाँकि भा.ज.पा. इसे लेकर दुविधा में दिख रही है कि वह खुलकर राम मंदिर की बात कहे या दूर की राम-राम रखे। इसलिए पार्टी मंदिर के लिए सभी पक्षों की सहमति और अदालती निर्देश की बात भी कह रही है। अध्यक्ष राजनाथ सिंह कह रहे हैं कि राम मंदिर पार्टी का चुनावी मुद्दा नहीं है, पार्टी विकास के मुद्दे पर चुनाव लड़ेगी। वोट की राजनीति के डर से यह एक सधी प्रतिक्रिया हो सकती है। पर भा.ज.पा. की ऐसी दुविधा के कारण ही राष्ट्रीय राजनीति में उसका तेजोभंग हुआ है। राममंदिर आंदोलन ने भा.ज.पा. को सत्ता में प्रतिष्ठित किया, पर छह साल सत्ता में रहने पर भी वह मंदिर निर्माण की दिशा में बढ़ती नहीं दिखी। इसे उसने गठबंधन की मजबूरी का नाम दिया, लेकिन उन मतदाताओं ने इसे अविश्वास माना, जिन्होंने उसे इसीलिए वोट दिया था। कथित सेकुलर नेताओं द्वारा राम मंदिर निर्माण को सांप्रदायिक राजनीति से जोड़कर प्रचारित करने से बने भ्रमजाल में भा.ज.पा. फँसी दिखती है कि अगर वह राम मंदिर की

बात खुलकर करेगी तो उसका व्यापक जनाधार नहीं बन पाएगा। खासकर अपने खिलाफ मुसलिम वोटों के ध्रुवीकरण का डर उसे सताता है।

मोदी के कमान सँभालने के बाद भा.ज.पा. के परंपरागत वोटर में अयोध्या में राम मंदिर के निर्माण की आस फिर जगी है। अमित शाह ने उसी भावना को स्वर दिया है और संकेत भी कि मोदी का आगमन हिंदुत्व के तारणहार के रूप में हो रहा है। यह अलग बात है कि मोदी बीच-बीच में 'मैं केवल हिंदुओं का नेता नहीं हूँ' कह रहे हैं। इसका यह मतलब नहीं है कि वे हिंदुत्व की राह से भटक रहे हैं, निहितार्थ यही है कि उनके हिंदुत्ववादी होने का अर्थ किसी दूसरे संप्रदाय का विरोधी होना नहीं है।

राम मंदिर राजनीतिक नहीं, सांस्कृतिक मुद्दा है। राम मर्यादा पुरुषोत्तम के रूप में भारतीय संस्कृति के उच्च आदर्शों के प्रतीक हैं। इसलिए लोहिया और इकबाल जैसे लोग भी उनके मुरीद रहे हैं, जिनके वारिस आज राम के धाम को सांप्रदायिकता का प्रतीक मानकर राजनीति कर रहे हैं। होना तो यह चाहिए था कि केंद्र सरकार देश के करीब 85 करोड़ हिंदुओं की भावनाओं के अनुरूप अयोध्या में भव्य राम मंदिर बनवाती, लेकिन केंद्र सरकार का नेतृत्व करनेवाला दल मंदिर-मसजिद का एक साझा नमूना खड़ा कर सांप्रदायिक विद्वेष के स्थायी बीज बोने की फिराक में है। जब सोमनाथ मंदिर का भव्य पुनर्निर्माण केंद्र सरकार ने तत्कालीन गृहमंत्री सरदार पटेल के नेतृत्व में कराया था और राष्ट्रपति डॉ. राजेंद्र प्रसाद ने उसका अनावरण किया था तो राम मंदिर सांप्रदायिकता का प्रतीक क्यों हो गया?

मोदी के हिंदुत्व को भी इसी संदर्भ में देखने की जरूरत है। विकास और सुशासन मोदी की नई पहचान है। कभी गुजरात दंगों के नाम पर मोदी का बहिष्कार करनेवाले इंग्लैंड, अन्य यूरोपीय देश व अमेरिका भी आज मोदी के इस नए चेहरे से प्रभावित दिख रहे हैं। गुजरात में मोदी ने बिजली, पानी, सड़क जैसी बुनियादी सुविधाओं के अलावा कृषि, उद्योग और आदिवासी क्षेत्रों में समग्र विकास का जो मॉडल खड़ा किया है, वह सबको आकर्षित कर रहा है। यह बात भी किसी से छिपी नहीं है कि गुजरात के विकास में हिंदू, मुसलमान, आदिवासी सब बराबर के भागीदार हैं। इसी वजह से गुजरात के मुसलमान भी

मोदी के मुरीद हैं। पिछले चुनाव में गुजरात के 12 विस क्षेत्रों, जहाँ मुसलिम मतदाता निर्णायक हैं, में से नौ सीटों पर भा.ज.पा. जीती। यह अलग बात है कि खुद को सेकुलर कहनेवाले नेता मोदी के बारे में 'मौत का सौदागर' व 'मुसलमानों का हत्यारा' जैसे दुष्प्रचार के साथ 2002 के दंगों की काली छाया दिखाकर मुसलमानों को डराते रहे हैं। पर मुसलमान अपने पिछड़ेपन के दौर से निकलकर बदलते जमाने के साथ चलने को लालायित हैं। मोदी ने बिना किसी भेदभाव के उनकी इस ललक को पंख दिए हैं, पिछले दस वर्षों में गुजरात में एक भी दंगा न होना मोदी की प्रशासनिक क्षमता तो दिखाता ही है, मुसलमानों को आश्वस्ति भी देता है कि मोदी मुसलिम विरोधी नहीं हैं।

मोदी की छवि मजबूत इरादोंवाले नेता के रूप में भी उभरी है। मोदी प्रखर हिंदुत्ववादी नेता के रूप में जाने जाते रहे हैं, पर उन्होंने अपने शासन में साबित किया है कि हिंदुत्ववादी होने का मतलब मुसलिम विरोधी या मुसलामनों का दुश्मन होना नहीं है। यह अलग बात है कि कुछ नेता मोदी के हिंदुत्व को मुसलमानों के लिए खतरा बताकर वोट की अपनी राजनीति को परवान चढ़ाना चाहते हैं और गुजरात के विकास को खारिज करते हैं। मोदी ने अपनी हिंदुत्ववादी छवि को छिपाने का सेकुलरी ढोंग कभी नहीं किया। न कभी यह परवाह की कि उनकी छवि को खराब करने के लिए राजनीतिक मर्यादाओं को धत्ता बताकर कैसे-कैसे आरोप उन पर लगाए जाते हैं। मोदी जानते हैं कि केवल मुसलिम टोपी या स्कार्फ पहन लेने से कोई मुसलिमों का हितचिंतक नहीं हो जाता। यदि ऐसा होता तो जो दल और नेता अपने को मुसलमानों का फिक्रमंद बताकर दिन-रात हिंदुत्व को कोसते हैं, उनके राज में आजादी के साढ़े छह दशक बाद भी आम मुसलमान की आर्थिक और सामाजिक हैसियत इतनी दयनीय क्यों है कि उसे सुधारने के लिए सच्चर और रंगनाथ मिश्र आयोग बनाने पड़ते हैं। असल में मुसलमानों को वे देश के नागरिक से ज्यादा ऐसा वोटर मानते हैं, जिसे फुसलाकर वे सत्ता के पायदान चढ़ सकते हैं। मोदी ने गुजरात में इस भ्रम को तोड़ा है। उन्होंने साबित किया है कि अपनी प्रखर हिंदुत्ववादी छवि के साथ समझौता किए बिना भी मुसलिमों की तरक्की और भलाई के लिए काम किया जा सकता है। मोदी ने यह नया राजनीतिक मुहावरा गढ़कर तथाकथित सेकुलर

राजनीति के मुँह पर तमाचा जड़ा है। इसी से तिलमिलाए कथित सेकुलर नेता मोदी के विरोध में कोई कसर नहीं छोड़ना चाहते। वे जानते हैं कि देश का मुसलमान यदि मोदी का सच जान गया तो वह बरगलाने में नहीं आएगा। फिर सत्ता उनके हाथों से फिसलते देर नहीं लगेगी। राम मंदिर हिंदुत्व का प्रतीक है, किसी संप्रदाय के विरोध का नहीं। भा.ज.पा. इस सच्चाई को समझकर अपनी दुविधा से निकलेगी तो वह अपनी जड़ों को ही मजबूत करेगी, क्योंकि मोदी ने दिखा दिया है कि विकास और हिंदुत्व एक-दूसरे के विरोधी नहीं हैं।

(प्रभात खबर, 09.07.2013)

□

सत्ता स्वार्थों के लिए संविधान की अनदेखी उचित नहीं

भारत के संविधान को 26 जनवरी, 1950 को देश में लागू किए जाने पर एक गणराज्य के रूप में यहाँ कार्य-संचालन शुरू हुआ। संविधान को 26 जनवरी, 1949 को अंगीकृत किए जाते समय इसकी प्रस्तावना या उद्देशिका में समस्त देशवासियों की ओर से इसे स्वीकृत किए जाने पर उन्हें 'हम, भारत के लोग' को भी किसी भी जाति-मजहब-क्षेत्र और भाषा के विभेद से ऊपर उठकर मान्यता दी गई है। इसका स्पष्ट अर्थ है कि संविधान के ऊपर किसी के हित मान्य नहीं होंगे और देश का शासन संविधान के अनुसार चलेगा।

इसका स्पष्ट संकेत देते हुए प्रस्तावना में लिखा गया 'समस्त नागरिकों को सामाजिक आर्थिक और राजनैतिक न्याय, विचार, अभिव्यक्ति, विश्वास, धर्म और अवसर की समता प्राप्त करने के लिए।' इस तरह संविधान में किसी भी तरह के भेदभाव की कोई गुंजाइश ही नहीं छोड़ी गई और देश के नागरिकों की ओर से यह 'दृढ़ संकल्प' भी व्यक्त किया गया है कि 'व्यक्ति की गरिमा और राष्ट्र की एकता एवं अखंडता सुनिश्चित करनेवाली बंधुता बढ़ाने के लिए।' इसमें व्यक्ति-राष्ट्र और बंधुता के बीच जो एकात्मता का सूत्र गुंफित किया गया है, उससे स्पष्ट है कि संविधान निर्माताओं ने राज्य संचालन की एक व्यापक संकल्पना प्रस्तुत की, जिसमें एक ओर तो सभी विभेदों से ऊपर उठकर समान रूप से सबके हितों का संवर्धन व पोषण और दूसरी ओर राष्ट्र सर्वोपरि की भावना निहित है।

संविधान की प्रस्तावना पर गौर करना इसलिए भी बहुत मायने रखता है कि हर देशवासी संविधान के निहितार्थ को समझे और यह भी जाने कि पिछले 67 वर्षों में सत्ता का संचालन कर रहे राजनैतिक दलों ने संवैधानिक प्रावधानों की अनदेखी कर अपने सत्ता-स्वार्थों को किस तरह संपोषित किया और इसके लिए संविधान के साथ कैसे छेड़छाड़ की। संविधान निर्माताओं की दृष्टि बड़ी व्यापक थी। उन्होंने संविधान बनाते समय 'पंथनिरपेक्ष' जैसे शब्द का प्रयोग नहीं किया, शायद इसलिए कि जिस भारतीय समाज के लिए वे संविधान बना रहे हैं; वह विभिन्न मत-पंथों का अवलंबन करते हुए भी भारतीय संस्कृति के सूत्र 'एकं सद् विप्राः बहुधा वदन्ति' यानी 'सर्वपंथ समभाव' में बँधा है। वहाँ मत-पंथ का कोई विभेद है ही नहीं, ऐसा कोई भेद भारत के सामाजिक चिंतन में रहा ही नहीं तो पंथनिरपेक्षता जिसे 'सेकुलरिज्म' के तौर पर बाद में प्रचारित किया गया, को अलग से व्याख्यायित करने की जरूरत संविधान निर्माताओं को नहीं हुई। वे जानते थे कि भारतीय समाज 'सर्वपंथ समभाव' की भावना से जीनेवाला समाज है, जहाँ सब एक-दूसरे के पांथिक या मजहबी विश्वासों का सम्मान करते हैं।

'समाजवादी पंथनिरपेक्ष' शब्द आपातकाल के दौर में तत्कालीन प्रधानमंत्री इंदिरा गांधी के कार्यकाल में जोड़ा गया, शायद इसलिए, ताकि सत्तागत स्वार्थों के लिए इसका इस्तेमाल किया जा सके। वास्तव में तो यह 'सेकुलरिज्म' शब्द यूरोपीय देशों में चर्च की सत्ता, जिसे 'थियोक्रेटिक स्टेट' कहा जाता है, के उत्पीड़न और मनमानी के विरुद्ध चलन में आया। जबकि भारत की सामाजिक संरचना और राज्य-व्यवस्था में इस अवधारणा का कोई अस्तित्व ही नहीं रहा। यहाँ सभी मत-पंथों को फलने-फूलने का सदा समान अवसर मिलता रहा, मत-पंथों के अनुसार राज्यसत्ता का संचालन नहीं हुआ। इस शब्द की आड़ में सेकुलरिज्म के नाम पर देश में अल्पसंख्यकवाद का राग राजनीति के सिर चढ़कर बोलने लगा और कांग्रेस व उसकी छाया से निकले समाजवादी अवधारणावाले दल बढ़-चढ़कर अल्पसंख्यकवाद का गान करने लगे। हद तो तब हो गई, जब इन दलों ने अल्पसंख्यकवाद के नाम पर सिर्फ मुसलिम हितों की वोट-राजनीति को ही सत्ता की सीढ़ियाँ चढ़ने का मंत्र बना लिया। यह मंत्र 'सेकुलरिज्म' के नाम से प्रसिद्ध हो गया।

यह विडंबना ही है कि संविधान ने जिस भारतीय नागरिक समाज को एक समान माना, उसे वोट-राजनीति ने बहुसंख्यक और अल्पसंख्यक में बाँट दिया। इस राजनीति ने आगे कई बार संविधान की मूल भावना से ऐसा खिलवाड़ किया। देशवासियों को याद होगा कि मिजोरम विधानसभा के चुनाव के दौरान तत्कालीन प्रधानमंत्री राजीव गांधी के नेतृत्व में राज्य में 'बाइबिल राज' का कांग्रेस का वादा खूब प्रचारित हुआ था। यह बेहद चिंताजनक है कि सत्ता-स्वार्थों के लिए देश के किसी हिस्से में संविधान की मान्यताओं की इस तरह अनदेखी की गई। इतना ही नहीं, देश के तत्कालीन प्रधानमंत्री डॉ. मनमोहन सिंह ने तो एक बार स्पष्ट कह दिया कि देश के संसाधनों पर पहला हक अल्पसंख्यकों का है। यह भी स्पष्ट है कि अल्पसंख्यकों के पैरोकार सेकुलरिज्म का अर्थ मुसलिम हितों की पैरवी करना और बहुसंख्यक हिंदुओं के हितों की अनदेखी करना ही मानते रहे हैं; जो कि संविधान की मूल भावना के सर्वथा विरुद्ध है। यह अलग बात है कि आजादी के 70 साल पूरे होने के बाद भी मुसलिम समुदाय दुर्दशा का शिकार है, क्योंकि इन दलों ने उनके आर्थिक-शैक्षणिक सशक्तीकरण की बजाय उन्हें सिर्फ वोट-राजनीति का मोहरा ही समझा।

जब संविधान सभी नागरिकों को समान मानकर सबके हितों का पोषण किए जाने को वरीयता देता है तो खुलकर अल्पसंख्यक हितों की पैरवी करना और बहुसंख्यकों की अनदेखी करना पूरी तरह असंवैधानिक है। इससे सेकुलरिज्म का ढोंग स्पष्ट हो जाता है। राजीव गांधी के प्रधानमंत्रित्व काल में 1985 में शाहबानो मामले में आए सर्वोच्च न्यायालय के फैसले से नाराज मजहबी मुसलिम नेताओं के दबाव में जिस तरह तलाकशुदा मुसलिम महिलाओं को दुर्दशा से निकालने वाले उस ऐतिहासिक निर्णय को निरस्त कराने के लिए संसद् से विधेयक पारित किया गया, इस कड़ी का वह सबसे शर्मनाक उदाहरण है। आज फिर उठ रहा तीन तलाक का मुद्दा मुसलिम महिलाओं की बेबसी और दुर्दशा की ओर ध्यान खींच रहा है। कई मुसलिम महिलाओं की तरफ से तो देश में समान नागरिक संहिता की बात उठ रही है। यदि शाहबानो प्रकरण में राजीव गांधी सरकार ने मुसलिम महिला विरोधी वह कदम न उठाया होता तो शायद इस समस्या का समाधान स्थायी तौर पर तभी हो गया होता।

संविधान के अनुच्छेद 44 में राज्य-व्यवस्था को स्पष्ट कहा गया है कि पूरे देश में नागरिक हितों की सुरक्षा के लिए वह समान नागरिक संहिता के लिए प्रयत्न करे। इसके विपरीत मुसलिम तुष्टीकरण की आड़ में सरकारें सदा इससे बचती रही हैं। यदि हम एक 'लोकतंत्रात्मक गणराज्य' में रह रहे हैं तो हम संविधान और देश के कानून को मानेंगे या अपने-अपने मजहबी कानूनों को? समान नागरिक संहिता को नागरिक हितों की पोषक की बजाय एक मजहब विशेष के विरुद्ध प्रचारित किया जाना वास्तव में संविधान की भावना का ही निरादर है।

संविधान के अंतर्गत भारत एक लोक-कल्याणकारी राज्य-व्यवस्था है, जिसमें न केवल सभी नागरिकों के हितों का सब भेदभावों से ऊपर उठकर समान भाव से संरक्षण व संवर्धन किया जाना चाहिए, बल्कि राष्ट्र की एकता-अखंडता व सुरक्षा को भी सुनिश्चित किया जाना चाहिए। यह विडंबना ही है कि कांग्रेस व उसके संरक्षण में बनी सरकारें इन दोनों ही विषयों में न केवल उदासीनता बरतती रहीं, बल्कि कभी-कभी तो सत्ता-स्वार्थों के लिए उनके विरुद्ध भी जाती देखी गईं। संविधान में अनुच्छेद 370 का प्रावधान जुड़वाना जो अस्थायी बताया गया, आज भी कश्मीर में राष्ट्रविरोधी उत्पात और अलगाववाद का प्रेरक बना हुआ है, जबकि संविधान निर्माता डॉ. भीमराव आंबेडकर तक इसके विरोध में थे। आतंकवाद, जो देश की सुरक्षा व अखंडता के लिए सबसे बड़ा खतरा बनता चला गया, मजहबी तुष्टीकरण के लिए उससे सख्ती से निपटने की बजाय 'हिंदू आतंकवाद' और 'भगवा आतंकवाद' जैसे शब्द गढ़कर आँखें मूँद लेना राष्ट्र व समाज के उन्नयन में संविधान की भूमिका की अनदेखी ही कही जाएगी। राजनैतिक स्वार्थों के लिए अल्पसंख्यकवाद का पोषण आज संविधान के समक्ष सबसे बड़ी चुनौती है।

(प्रभात खबर, 26.01.2017)

□

हिंदुत्व की हिमायत का अर्थ मुसलिम विरोध नहीं

उत्तर प्रदेश में पिछली दो सरकारों के कार्यकाल में जिस तरह से प्रशासन और कानून व्यवस्था की दशा लचर बनी रही व भ्रष्टाचार का बोलबाला रहा, उससे प्रदेश की दशा बिगड़ती गई। पिछली दोनों सरकारों का नेतृत्व गलत दशा-दिशा में रहा था। उत्तर प्रदेश में जिस प्रकार जाति आधारित राजनीति का बोलबाला रहा है, उससे विकास की दौड़ में प्रदेश पिछड़ता गया। ऐसे वक्त में जब प्रदेश की जनता ने भारतीय जनता पार्टी को भरपूर जनादेश दिया है, तो पार्टी का यह कर्तव्य बनता है कि लोगों की महत्त्वाकांक्षा को पूरा करने के लिए वह किसी ऐसे नेता को मुख्यमंत्री चुने, जो उन्हें पूरा कर सके।

योगी आदित्यनाथ की पहचान राजनीति में ऐसे व्यक्ति या नेता के रूप में रही है, जो दृढ़तापूर्वक निर्णय लेते हैं। बतौर मुख्यमंत्री उनकी नियुक्ति को इस तरह से नहीं लिया जाना चाहिए कि चुनाव प्रचार के दौरान उन्होंने क्या भाषण दिए। भारत में सरकारें अपना कामकाज संविधान के दिशा-निर्देशों के मुताबिक करती हैं, इसलिए मुख्यमंत्री के रूप में वे अपने संवैधानिक दायित्वों का निर्वहन करने के लिए प्रतिबद्ध हैं। केंद्र में जिस प्रकार नरेंद्र मोदी की सरकार ने अपनी उपलब्धियों के तौर पर 'सबका साथ, सबका विकास' के रूप में लकीरें खींची हैं, भ्रष्टाचार और काले धन के विरुद्ध अभियान चलाया है, कानून-व्यवस्था को पटरी पर लाने का अभियान चलाया है, उसी क्रम में पिछले तीन-चार दिनों में योगी आदित्यनाथ ने जिस तरह से रुख दिखाया है तथा अपनी कार्यशैली में

जो दरशाया है, उससे लगता है कि उनके लिए भी प्राथमिकता में यही मसले होंगे। अपराध-मुक्त प्रदेश, भ्रष्टाचार-मुक्त प्रदेश और विकास की ओर दौड़ता हुआ प्रदेश—आदित्यनाथ की प्राथमिकता में ये चीजें रहेंगी।

इस बात को राजनैतिक नजरिए से नहीं देखा जाना चाहिए कि भाजपा ने किस व्यक्ति के हाथ में नेतृत्व की बागडोर सौंप दी है। हर पार्टी अपनी नीतियों के अनुसार व्यक्ति का चयन करती है। भाजपा पर यह आरोप लगाना कि उसने ऐसे इनसान को मुख्यमंत्री क्यों चुना, बिल्कुल गलत है। क्या मुख्यमंत्री का चयन कांग्रेस, वामदलों या समाजवादी पार्टी में से किया जाना चाहिए था?

योगी आदित्यनाथ पिछले पाँच बार से लगातार गोरखपुर से सांसद चुने जा रहे हैं, पहली बार वर्ष 1998 के लोकसभा चुनावों में वे महज 26 साल की उम्र में सांसद चुने गए थे। आम जनता के बीच उनकी लोकप्रियता व स्वीकार्यता का इससे बड़ा उदाहरण क्या हो सकता है। युवाओं को उनसे काफी अपेक्षाएँ हैं। यू.पी. भाजपा में उनका व्यापक योगदान रहा है। इस बात में कोई संदेह नहीं कि उनकी साफ-सुथरी छवि व संत व्यक्तित्व का लाभ सरकार को मिलेगा।

प्रदेश में पुलिस-प्रशासन में भरतियों में व्यापक तौर पर जातिवाद हावी रहा है। निजी स्वार्थ के आधार पर भरतियों में उम्मीदवारों को तरजीह दी जाती रही है। योगीजी के आने से इन सब पर लगाम लग सकती है। अब लोगों को साफ-सुथरा प्रशासन मिलने की उम्मीद जगी है। हालाँकि योगी आदित्यनाथ के शपथ लेने के बाद से अनेक चैनल पूर्व में उनके द्वारा दिए गए भड़काऊ भाषण का फुटेज चला रहे हैं, लेकिन मैं यह बताना चाहूँगा कि चुनावी राजनीति और सरकार चलाना दोनों अलग-अलग चीजें हैं। इन दोनों को एक साथ जोड़कर नहीं देखा जा सकता है। मोदीजी को 'मौत का सौदागर' तक कहा जाता था, लेकिन आज जिस तरह से वे शासन चला रहे हैं, वह कहीं से भी किसी जाति या मजहब के लिए पूर्वग्रह से ग्रस्त नहीं है। मोदीजी ने सबको साथ लेकर चलनेवाला सुशासन दिया है। इसलिए चुनावी राजनीति के दौरान योगी आदित्यनाथ ने किस तरह के बयान दिए, उन्हें बार-बार याद करने का कोई अर्थ नहीं है। मौजूदा समय में वे मुख्यमंत्री हैं और संवैधानिक दायरे से बँधे हैं। उन्होंने स्वयं कहा है कि हमारी सरकार सबके लिए समभाव से काम

करेगी और किसी के साथ किसी प्रकार का भेदभाव नहीं बरता जाएगा। जहाँ तक बयानों की बात है तो ओवैसी, मायावती और मुलायम सिंह तो खुलकर कहते रहे हैं कि वे मुसलिमों के हिमायती रहे हैं। इस देश में आप अल्पसंख्यक के नाम पर किसी एक मजहब की पैरोकारी करते रहेंगे तो बहुसंख्यक समाज का क्या होगा? जब आप अल्पसंख्यक समाज की हिमायत करनेवाले को गलत नहीं ठहरा रहे तो बहुसंख्यक समाज की हिमायत करने वाले को कैसे गलत ठहरा सकते हैं?

डॉक्टर मनमोहन सिंह ने खुलकर कहा था कि देश के संसाधनों पर पहला हक अल्पसंख्यकों का है। जब इतने बड़े पद पर बैठा व्यक्ति इस तरह कह रहा है तो इससे बड़ा गैर-संवैधानिक वक्तव्य क्या हो सकता है? कांग्रेसी, वामपंथियों और तथाकथित धर्मनिरपेक्षों ने मुसलिमों के नाम पर अल्पसंख्यकवाद की राजनीति की है। तथाकथित धर्मनिरपेक्षों ने लोकतंत्र का यह दोहरा पैमाना तय किया है, जिसमें अब बदलाव होना चाहिए। हिंदुओं की हिमायत करना मुसलिम विरोध नहीं है। लोगों को यह समझना चाहिए कि चुनावी राजनीति में दिए गए बयानों का सत्ता संचालन में कोई मतलब नहीं होता। उत्तर प्रदेश के मतदाताओं ने जिस तरह से इतना बड़ा जनादेश दिया है; वह अपने आप में इस बात का जवाब है कि इस देश में जाति, मजहब और सेकुलरिज्म के नाम पर अब तक जो राजनीति चलती रही है, जनता अब उसे स्वीकार करने को तैयार नहीं है।

(प्रभात खबर, 23.3.2017)

□

अच्छी किताबों से जगता है अच्छा इनसान बनने का जज़्बा

भारत ज्ञान-पिपासु देश है। ऐसा ज्ञान, जो मनुष्यता का विस्तार करे, शांति-सद्भाव और लोक कल्याण का मार्ग दिखाए। ऐसे शाश्वत ज्ञान का न केवल भारत में ऋषियों ने सृजन किया, बल्कि यह आह्वान भी किया—''आ नो भद्राः क्रतवो यंतु विश्वतः' यानी दुनिया के किसी भी कोने से ज्ञान प्राप्त हो, उसे बाँहें फैलाकर ग्रहण करो। मन के सारे दुराग्रहों और संकीर्णताओं को त्यागकर ज्ञानार्जन का संस्कार देनेवाली यह भारतभूमि इसीलिए विश्वगुरु कहलाई कि यहाँ मानव हित में साहित्य लेखन व पढ़ने-पढ़ाने की परंपरा सबसे पहले विकसित हुई। आश्रम और गुरुकुल इसका केंद्र बने और कालांतर में नालंदा व तक्षशिला जैसे विश्व के अग्रणी एवं श्रेष्ठ विश्वविद्यालयों की स्थापना हुई, जहाँ दुनिया भर के लोग शिक्षा प्राप्त करने आते थे।

शिक्षा कोरा जानकारी बढ़ानेवाला ज्ञान नहीं, बल्कि मानवहित का बोध करानेवाला ज्ञान; जो सद्गुण-सदाचार से युक्त हो। ऋग्वेद, जिसे यूनेस्को ने मानव जाति की प्रथम पुस्तकों में माना है, मानव संस्कृति का ज्ञान है। उपनिषदों व ब्राह्मण-आरण्यक ग्रंथों में वेद ज्ञान का ही विस्तार है। ये ग्रंथ वैदिक वाङ्मय का ही अंग हैं। ईशावास्योपनिषद् में मानवता, त्याग व दूसरों के हित संरक्षण का जो पाठ है, वह आज दुनियावी भोग-विलास से उत्पन्न गला-काट होड़ में नष्ट हो रही परस्पर शांति-सौहार्द की भावना को बचाए रखने और उसे दृढ़ करने की प्रेरणा है—''ईशावास्यमिदं सर्वं यत्किञ्चिद् जगत्यांजगत् त्येन् त्यक्तेन

भुञ्जीथा: मा गृध: कस्यस्विद्धनम्'' यानी जगत् के कण-कण में ईश्वर का वास है, इसलिए उसका भाग छोड़कर ही उपभोग करो और दूसरे के धन का लालच मत करो। जीवन जीने की कला (आर्ट ऑफ लिविंग) इससे बेहतर क्या हो सकती है ?

वेद और उपनिषदों की वाणी कालांतर में अलग-अलग रूपों में साहित्य में उल्लेखित हुई। जयशंकर प्रसाद ने जब 'कामायनी' महाकाव्य की रचना की, तब उसमें मनुष्यता का नाद ही गुंजित हुआ—'औरों को हँसते देखो मनु, हँसो और सुख पाओ, अपने सुख को विस्तृत कर लो एवं जग को सुखी बनाओ'। हमारे ऋषियों का दिया मानवता का यह दर्शन ही विश्व की सुख-शांति का मार्ग है, न कि पाश्चात्य दर्शन, जिसमें सरवाइल ऑफ द फिटेस्ट, यानी संघर्ष-टकराव पैदा करने का रास्ता दिखाया गया और कहा कि 'ईट-ड्रिंक एंड बी मैरी', यानी खाओ-पीओ और मौज करो। यह पश्चिम का व्यक्तिवादी चिंतन है। इसमें सामाजिकता और वैश्विकता का कोई स्थान नहीं है, जो व्यक्ति को निजता या अपने सुख के लिए ही तरक्की करने तथा आगे बढ़ने का भाव जगाता है। इसमें मानवता के संरक्षण व उसके हित की चिंता कहीं प्रकट नहीं होती है।

दरअसल त्याग अपने पास होने को छोड़ना भर नहीं है, बल्कि यह सब ईश्वर का है, मेरे पास जो है; वह अपनी जरूरत के लिए उपभोग कर बाकी दूसरों के लिए है। 'ट्रस्टीशिप' की यह भावना ही त्याग है। यह भावना ही परस्पर प्रेम और सामंजस्य जगाती है। इसके मूल में ऋग्वेद का उद्घोष ही है—'सर्वे भवन्तु सुखिनः, सर्वे सन्तु निरामाया, सर्वे भद्राणि पश्यन्तु, मा कश्चिद् दुखभाग्भवेत' यानी सब सुखी हों, सब निरोग हों, सब एक-दूसरे का भला देखें, सोचें, करें और किसी के दुःख का कारण न बनें। इसलिए प्रख्यात मार्क्सवादी चिंतक रामविलास शर्मा ने लिखा है कि 'ऋग्वेद में मानव-चिंतन की प्राचीनतम अवस्था में दर्शन और विज्ञान का जन्म एवं विकास देख सकते हैं।' इस परमाणु युग की विनाशकारी समस्याओं का समाधान भारत के चिंतन में है तो निश्चय ही हमारे ऋषियों व शास्त्रों की ज्ञान-संपदा उनके संज्ञान में रही होगी।

आज आदमी 'मोर एंड मोर' की चाह में जब अपनों की भी परवाह

नहीं करता और अपने सुख के लिए दूसरों को दु:खी करने में भी उसे संकोच नहीं होता, तब राम याद आते हैं। वाल्मीकि ने राम को अपनी रामायण में 'रामो विग्रहवान धर्म:' कहा है, यानी राम धर्म का रूप हैं, अर्थात् त्याग व कर्तव्यबोध के प्रतीक। मैथिलीशरण गुप्त ने अपने महाकाव्य 'साकेत' में चौदह वर्ष बाद वनवास पूर्ण कर अयोध्या में राम और भरत के बीच संवाद का बड़ा मार्मिक चित्रण किया है। जब भरत राम को सिंहासन सौंपते हैं तो राम की आँखें भर आती हैं। भरत विचलित होकर पूछते हैं कि आपकी आँखों में आँसू क्यों? राम दु:खी होते हैं। कहते हैं, अब तुम्हारे जैसे धर्मनिष्ठ राजा से प्रजा वंचित हो जाएगी, यही दु:ख मुझे रुला देनेवाला है—खोकर रोए सभी, भरत मैं पाकर रोया।

भला राज्य सिंहासन प्राप्त करके भी कोई रोएगा? जिसे पाने के लिए आज दुनिया भर में छल-प्रपंच होते हैं, खून-खराबा होता है, पर राम के जीवन-दर्शन में ही सुख व शांति का मार्ग दिखता है। इसीलिए पुस्तकों को मनुष्य का सच्चा मित्र कहा गया है। शायद इसीलिए कि किताब आदमी की जिंदगी बदल देने की ताकत रखती है और वह जिंदगी जीने का सही रास्ता दिखाती है। मित्र के बारे में कहा गया है—'य: त्रायते स: मित्र:' यानी जो हमें हमारी बुराइयों से, दु:खों से मुक्ति दिलाए, वह मित्र है। हमारे मनोविकार, बुराइयाँ या गलत आदतें ही हमारे दु:ख का मूल कारण होती हैं। इनकी तरफ से हम सदा आँखें मूँदे रहते हैं और अपने दु:ख के लिए दूसरों को कोसते रहते हैं।

श्रीकृष्ण ने गीता में कहा है कि व्यक्ति स्वयं ही अपना मित्र है और खुद ही शत्रु—'बन्धुरात्मात्मनस्तस्य येनात्मैवात्मना जित:, अनात्मनस्तु शशुत्वे वर्तेतात्मैव शत्रुवत्', जिसने स्वयं को जीत लिया, यानी अपनी कमजोरियों-बुराइयों पर जीत हासिल कर ली तो वह खुद का मित्र है। अन्यथा हम खुद ही अपने शत्रु हैं, क्योंकि आखिरकार वे बुराइयाँ ही हमें ले डूबेंगी। इस तरह गीता जैसा ग्रंथ जीने का सही मार्ग दिखाता है।

पुस्तकें जीवन को सँवारने के लिए कितनी जरूरी और उपयोगी हैं, यह लोकमान्य तिलक द्वारा मांडले जेल में लिखे 'गीता रहस्य' ग्रंथ के बारे में गांधीजी की टिप्पणी से पता चलता है। गांधीजी ने इस पुस्तक के बारे में कहा है

कि यह ग्रंथ तिलक का शाश्वत स्मारक है। इससे पुस्तक की महत्ता प्रकट होती है। यह उचित ही है कि आज की प्रतिस्पर्धा के दौर में अच्छा कॅरियर बनाने के लिए हमारे नौजवान कड़ी मेहनत करते हैं। दिन-रात पाठ्यक्रम की पुस्तकें पढ़कर परीक्षा में ज्यादा-से-ज्यादा अंक लाने में जुटे रहते हैं, ताकि किसी से पिछड़ न जाएँ। लेकिन यह भी याद रखना चाहिए कि कॅरियर की दौड़ में आगे निकलने की होड़ के चलते कहीं हम जिंदगी जीने में न पिछड़ जाएँ। यानी बहुत कुछ पाने की लालसा में इनसानियत ही हमारे हाथ से न खिसक जाए।

पाठ्यक्रम की पुस्तकें हमें नामी इंजीनियर, डॉक्टर और बेहतर उद्योग प्रबंधक तो बना सकती हैं, लेकिन अच्छा इनसान बनने का जज्बा तो उन्हीं किताबों को पढ़ने से जगता है, जो जीवन-मूल्यों, साामाजिक सरोकारों, राष्ट्रीय हितों व मानव कल्याण के प्रति हमें जागरूक करती हैं। अगर अच्छा इनसान नहीं बन सके तो बाकी सब बनना बेमानी है। क्योंकि तब हम बहुत कुछ पाकर भी आखिरकार ठगे से खड़े रह जाते हैं। तनाव, अवसाद व टकराव में ही जिंदगी बीत जाती है।

डॉ. अब्दुल कलाम ने अपनी पुस्तक 'इंडिया विजन 2020' में सबके लिए एक अहम सवाल छोड़ा है कि आखिर हम अपने बच्चों के लिए कैसी दुनिया छोड़कर जाना चाहते हैं? जाहिर है, हर माता-पिता अपनी संतान का भविष्य सुखी देखना चाहते हैं, लेकिन उन्हें सच्चा सुख व शांतिपूर्ण, तनावरहित जीवन तभी मिलेगा, जब हम उनकी दोस्ती जीवन की प्रेरणा जगानेवाली अच्छी किताबों से कराएँ। बहुत जरूरी है कि बच्चों के जन्मदिन पर उन्हें कीमती उपहार देने के साथ-साथ एक मनोरंजक और प्रेरणास्पद पुस्तक भी भेंट करें। वास्तव में इस तरह के प्रयास को समाज में एक आंदोलन बनाए जाने की जरूरत है।

(प्रभात, 12.02.2017)

□

ताकि सेवा और शुचिता की प्रतीक बने राजनीति

आज राजनीति सत्ता की पर्याय सी हो गई और चुनावी हार-जीत के बाहर जाकर शायद ही उसके बारे में कोई सोचता हो। राजनीति सेवा का माध्यम है, यह जुमला भी सिर्फ नेताओं के शब्दों तक सिमटकर रह गया है। ऐसे में नानाजी देशमुख का स्मरण बहुत स्वाभाविक है, जिन्होंने राजनीति को सामाजिक परिवर्तन और सेवा का सशक्त माध्यम बनाया।

आम आदमी के मन में राजनीति और नेताओं को लेकर वितृष्णा का भाव लगातार बढ़ता गया है। अकसर यह देखा गया है कि पार्षद, विधायक, सांसद या मंत्री बनते ही जैसे नेता के हाथ कोई जादुई छड़ी लग जाती है और साल-दर-साल उस पर लक्ष्मी की कृपा ऐसी बरसती है कि उसकी धन-संपदा दिन दूनी रात चौगुनी बढ़ती है। भ्रष्टाचार का यह सिलसिला चारा घोटाले से लेकर कोलगेट, टूजी स्पैक्ट्रम और राष्ट्रमंडल खेल घोटालों तक जा पहुँचा। यह तो भारतीय न्याय व्यवस्था की सजगता और सक्रियता है कि कितने ही नौकरशाह, सांसद, मंत्री और मुख्यमंत्री तक जेल पहुँचा दिए गए। उधर आम जनता रोजमर्रा की जिंदगी की सामान्य सहूलियतों और बिजली-पानी, सड़क जैसी बुनियादी जरूरतों तक के लिए भी तरसती है। यही वजह है कि आजादी के 68 साल बाद भी देश की जनता सुराज की राह देख रही है। भारत को स्वराज्य तो प्राप्त हो गया, लेकिन सुशासन और सर्वसमावेशी विकास अब भी सपना ही है।

देश की जनता की यह छटपटाहट 1977 में आपातकाल के बाद हुए लोकसभा चुनावों में खुलकर सामने आई और उसे 30 साल के कांग्रेस राज से

मुक्ति मिली, जिसने 'गरीबी हटाओ' जैसे सपने तो बेचे, लेकिन अपनी सत्ता की महत्त्वाकांक्षा को पूरा करने के लिए इमरजेंसी के नाम पर लोकतांत्रिक अधिकारों को कुचलने से भी गुरेज नहीं किया। शायद इसलिए उस बदलाव को 'दूसरी आजादी' कहा गया, लेकिन कुरसी की लड़ाई ने परिवर्तन के उस ऐतिहासिक अवसर को पलीता लगा दिया। जनता फिर ठगी सी रह गई। राजनीति के इस सत्तालोलुप चरित्र को समझकर ही महात्मा गांधी ने ट्रस्टीशिप के सिद्धांत को सामने रखा और चाहा कि आजादी के बाद देश के नवनिर्माण के लिए इसी भावना से राजनीति और सत्ता संचालित हो, ताकि राजनीति सत्ता के बियावान में भटककर मानवीय संवेदना और नैतिकता न खो बैठे। लेकिन गांधी हों या दीनदयाल, राजनीति में इनके संस्कार और विचार की मशाल थामने एवं उसे अपने त्याग-तप से जलाए रखने की जिम्मेदारी नानाजी देशमुख जैसे नेताओं ने सँभाली। उन्होंने राजनीति को समाज सेवा का माध्यम बनाया और उस पर बिना किसी सत्ता-लालसा के संकल्पबद्ध होकर पूरी दृढ़ता से चले। वे जयप्रकाश नारायण के संपूर्ण क्रांति आंदोलन की धुरी बने और जे.पी. के सिर पर पड़नेवाली लाठियाँ अपने कंधों पर झेलीं। भारतीय राजनीति के इन दोनों अमर नायकों की जोड़ी इंदिरा गांधी की नृशंस और बेहद ताकतवर सत्ता से न केवल टकराई, बल्कि उसे उखाड़ फेंका और देश के लोकतांत्रिक ढाँचे को खरोंच तक नहीं आने दी।

अपने इस करिश्मे के बावजूद दोनों ही सत्ता से निर्लिप्त रहे। नेता और स्टेट्समैन में यही फर्क होता है। आज जो नेता मंत्रिपद तो छोड़िए, चुनाव का टिकट न मिलने पर पार्टी के खिलाफ मोर्चा खोलने में भी नहीं हिचकते, उन्हें नानाजी से सीख लेनी चाहिए। नानाजी ने प्रधानमंत्री मोरारजी देसाई के मंत्रिमंडल में वरिष्ठ जिम्मेदारी लेने के प्रस्ताव को सहर्ष और ससम्मान ठुकरा दिया। यही नहीं, 60 साल की उम्र होने पर उन्होंने घोषणा कर दी कि वे अब सक्रिय राजनीति में नहीं रहेंगे। राजनीति से संन्यास लेकर नानाजी देशमुख ने अपना शेष जीवन गाँव, खेती और किसानों के उन्नयन के लिए समर्पित कर दिया। गोंडा जिले का 'जयप्रभा ग्राम विकास प्रकल्प' और चित्रकूट के वनवासी व ग्रामीण क्षेत्र की विकास योजनाएँ नानाजी के सेवाव्रती जीवन की यशगाथा कह रही हैं।

राजनीति सत्ता की सीढ़ियाँ चढ़ने का माध्यम भर न रह जाए, वह सामाजिक

समरसता और सामाजिक सरोकारों की संवाहक बने, नानाजी ने अपने जीवन-कार्य से यह कर दिखाया। केवल देशसेवा और समाज के अंतिम पायदान पर खड़े गरीबों और गाँवों के उत्थान के लिए उन्होंने अपना जीवन समर्पित कर दिया। कोई प्रलोभन, कोई अनुरोध उनको डिगा न सका। गोंडा हो या चित्रकूट, नानाजी ने जो किया, वह सेवा के क्षेत्र में मील का पत्थर बन गया।

जिन जयप्रकाश नारायण और उनकी पत्नी जयप्रभा देवी के संयुक्त नाम से नानाजी देशमुख ने 'जयप्रभा ग्राम' को एक आदर्श ग्राम बनाने का संकल्प लिया और उसका विस्तार चित्रकूट प्रकल्प तक किया, वे जयप्रकाश नारायण अनेक वैचारिक और राजनीतिक उतार-चढ़ाव के बाद कई मौके आने पर भी सत्ता से अलिप्त रहे। क्योंकि उनकी नजर में पद पाना ही राजनीति और जनसेवा का अंतिम लक्ष्य नहीं था। आज नेता जिस तरह के दुराग्रहों से ग्रस्त रहते हैं और राजनीतिक प्रतिद्वंद्विता उनके लिए दुश्मनी की सीमा तक कटुतापूर्ण हो जाती है, जे.पी. ने अपनी पूरी यात्रा में न केवल उन दुराग्रहों को झटककर अलग किया, बल्कि नए वैचारिक कलेवर को ग्रहण करने में भी संकोच नहीं किया। वे जिस राष्ट्रीय स्वयंसेवक के धुर विरोधी थे, बिहार के अकाल के दौरान संघ के स्वयंसेवकों का सेवाभाव और ईमानदारी देखकर वे अभिभूत हो गए। कालांतर में उनके संपूर्ण क्रांति आंदोलन में इसी संघ ने महत्त्वपूर्ण भूमिका निभाई।

हाल के लोकसभा चुनावों में देश की जनता ने राजनीतिक निराशा से बाहर निकलकर जिस विश्वास के साथ प्रधानमंत्री नरेंद्र मोदी के नेतृत्व में भारत के विकास और सुशासन की नई इबारत लिखे जाने की उम्मीद जताई है, ऐसे में जे.पी. और नानाजी एक बार फिर प्रासंगिक हो जाते हैं, ताकि सत्ता की चकाचौंध भ्रमित न कर दे। मोदी जिस वैचारिक भावभूमि से राजनीति में आए हैं और मुख्यमंत्री रहते गुजरात में उन्होंने जो कर दिखाया है, सेवाव्रत ही उसका मूल है। इसका विस्तार वे राष्ट्रीय फलक पर कर सके और आजादी के 68 साल बाद ही सही, भारत की राजनीति सेवा और शुचिता की नई दिशा पा सकी तो यह संकल्प और कृतित्व ही आज इन दोनों महापुरुषों की जयंती पर सार्थक श्रद्धांजलि होगी।

(नेशनल दुनिया, 11.10.2015)

□

संघ को सत्ता की राजनीति के चश्मे से न देखें

राष्ट्रीय स्वयंसेवक संघ खबरों के लिहाज से हमेशा 'हॉट इश्यू' रहता है। चुनावों के दौरान तो कुछ ज्यादा ही। भारतीय जनता पार्टी की हर गतिविधि और फैसले में संघ की भूमिका तलाशी जाती है और उसके पीछे संघ का दबाव बताया जाता है। लगता है कि मीडिया संघ को सत्ता राजनीति से जोड़कर देखने का अभ्यस्त हो गया है, मानो सत्ता ही संघ की संजीवनी हो। अब कुछ खबरें आ रही हैं कि 16वीं लोकसभा के लिए हो रहे चुनावों में भा.ज.पा. की जीत और नरेंद्र मोदी के नेतृत्व में सरकार बनने की संभावनाएँ देख संघ की शाखाओं की संख्या बढ़ने लगी है। यानी सत्ता का आकर्षण उसे मजबूत बना रहा है। इस 'सत्य' को उद्‍घाटित करने के लिए 2004 से 2013 तक के आँकड़े दिए जा रहे हैं। इसका सीधा अर्थ है कि मीडिया अपनी सुविधा के अनुसार संघ के क्रियाकलापों या विचारों को संदर्भों से काटकर प्रस्तुत करते हुए सनसनी फैलाने में ज्यादा रुचि लेता है। संघ के मूल स्वरूप, उद्‍देश्यों और गतिविधियों को समझकर उसका विवेचन करने की कोशिश शायद ही कभी की गई है। यही वजह है कि आपातकाल के दौरान इंदिरा सरकार की शह पर मीडिया के एक बड़े हिस्से में संघ कार्यालयों से बड़ी मात्रा में असलहे की बरामदगी को दुष्प्रचारित किया गया, जिसमें तलवारों और छुरों का विशेष उल्लेख था। जबकि वास्तव में ये लकड़ी की थीं, जिनका उपयोग स्वयंसेवकों के आत्मविश्वास व शारीरिक क्षमता को बढ़ाने के लिए व्यायाम के दौरान होता था। लाठी को तो

संघ की हिंसक मानसिकता का प्रतीक बना दिया गया है, जबकि लाठी भारतीय समाज में बहुत पहले से आत्मरक्षा के लिए एक सर्वसुलभ साधन के रूप में इस्तेमाल की जाती रही है। गिरधर कवि ने तो लाठी की उपयोगिता पर एक कुंडली ही लिख दी और कहा, 'लाठी में गुण बहुत हैं, सदा रखिए संग।' यह संघ के प्रति मीडिया के बड़े हिस्से के दुराग्रह और सच्चाई से आँखें मूँदने की प्रवृत्ति को ही दरशाता है।

हिंदू जीवन-पद्धति और हिंदू-धर्म इस देश की पहचान रहे हैं। इसी पहचान को स्वामी विवेकानंद ने 11 सितंबर, 1893 को शिकागो की विश्व धर्म संसद् में 'मानव-धर्म' कहकर विश्व कल्याण और शांति, सद्भाव का मार्ग बताया। यह पहचान है तो भारत है। अर्नाल्ड टायन्वी जैसे प्रख्यात ब्रिटिश इतिहासकार भी इसी पहचान के कारण भारत को वैश्विक मान्यता का केंद्र बताने में नहीं हिचकते। भारत के सनातन धर्म, संस्कृति और जीवन-दर्शन की यही पहचान कालांतर में हिंदू नाम से जानी गई। इसलिए हिंदू कहते ही भारत के राष्ट्रीयत्व का बोध होता है। हज यात्रा पर जानेवाले कुछ प्रमुख मुसलिम नेताओं के अनुभव बताते हैं कि भारत का होने की वजह से वहाँ उन्हें हिंदू पहचान मिलती है। देश के शिक्षा मंत्री रहे मोहम्मद करीम छागला तो अकसर अपनी हिंदू पहचान पर गर्व करते देखे गए। इस पहचान के संरक्षण, संवर्धन का अर्थ किसी दूसरे समुदाय को नकारना या उसका अहित करना नहीं हो सकता, लेकिन मजहबी कट्टरवाद के चलते देश में जहाँ भी इस पहचान को षड्यंत्रपूर्वक खत्म करने की कोशिशें हुईं और आबादी के अनुपात में हिंदू कम होते गए, वहाँ-वहाँ राष्ट्र-विरोधी गतिविधियाँ, आतंकवाद और उग्रवाद जैसे संकट, यहाँ तक कि देश के विभाजन की परिस्थितियाँ भी पैदा हो गईं। पूर्वोत्तर के कई राज्य और कश्मीर घाटी इसके ताजा उदाहरण हैं।

इसलिए देश में हिंदू का सबल और संगठित होना भारत की सुरक्षा, अखंडता और शांति-सद्भाव का पर्याय है। कांग्रेस के प्रवक्ता राशिद अल्वी तो अकसर कहते सुने और देखे गए हैं कि भारत में धर्मनिरपेक्षता बहुसंख्यक हिंदू समाज की वजह से हैं। दरअसल हिंदू जीवन-मूल्य सर्वधर्म समभाव के सिद्धांत पर टिके हैं। इनमें कहीं भी अन्याय, उत्पीड़न या मजहबी भेदभाव जैसी

अमानवीय विकृतियाँ नहीं हैं। धर्मनिरपेक्षता और शांति–सद्भाव तो हिंदूमन का संस्कार है। संघ उसी को और सुदृढ़ करने में लगा है। यह विशुद्ध राष्ट्रीय और सांस्कृतिक प्रयास है, जिसे पूर्ण करने के लिए संघ 88 वर्षों से राष्ट्र सेवा कर रहा है। इसमें सांप्रदायिकता या मुसलिम विरोध अथवा सत्ता की राजनीति के निहितार्थ ढूँढ़ना राजनीतिक दुराग्रह और सत्ता–स्वार्थों की दुष्प्रेरणा ही कही जाएगी।

संघ पर गांधी हत्या से लेकर दंगे कराने और देश के धर्मनिरपेक्ष ढाँचे को तहस–नहस करने जैसे घृणित आरोप उसी वामपंथी, कथित सेकुलर और कांग्रेसी मानसिकता के परिचायक हैं, जो भारत की पहचान को खत्म कर इसे जाति–मजहब और जनजातीय समूहों में विभाजित कर अपने राजनैतिक स्वार्थों को साधने में लगी है। धर्मनिरपेक्षता का मतलब केवल मुसलिम हितों की पैरोकारी कैसे हो सकता है? प्रधानमंत्री डॉ. मनमोहन सिंह जब कहते हैं कि मोदी धर्मनिरपेक्षता के लिए खतरा हैं और इसका मुकाबला करने के लिए सेकुलर दलों को एकजुट हो जाना चाहिए, तब साफ हो जाता है कि यह जमात मोदी या भा.ज.पा. को सत्ता में आने से रोकने के लिए मुसलिम समुदाय को डर दिखाकर एक चुनावी मोहरे के रूप में इस्तेमाल करना चाहती है। वोट के लिए मुसलिमों को बरगलाने की कोशिशें पूरे समुदाय को देश की मुख्यधारा में समरस न होने देने की साजिश ही कही जाएगी। इस अलगाव की भावना से ही पाकिस्तान का जन्म हुआ था। एक बार फिर धर्मनिरपेक्षता के नाम पर हिंदू–मुसलमान के बीच विभाजक रेखा खींचने की कोशिशें राष्ट्रहित तो कतई नहीं कही जा सकतीं।

देश पर आई हर आपदा में स्वयंसेवक मजहबी भेदभाव किए बिना सेवा के लिए आगे रहे हैं। भारत–चीन युद्ध के दौरान सरहद पर जान की परवाह किए बिना सेना की मदद के लिए स्वयंसेवकों की देशभक्ति देख पंडित नेहरू ने 26 जनवरी, 1963 की परेड में स्वयंसेवकों की एक टुकड़ी शामिल करने का आग्रह किया था। राजपथ पर परेड में स्वयंसेवकों का संघ के बैंड के साथ संचलन उन नेहरू ने कराया, जो संघ के घोर आलोचक थे। ऐसे कई गौरवशाली पृष्ठ संघ के इतिहास में जुड़े हैं, जिन्हें सांप्रदायिकता का आरोप लगाकर नकारने की कोशिश बेमानी है।

संघ की शाखा मनुष्य निर्माण की फैक्टरी कही जाती है, जहाँ लाखों की संख्या में मानवीय गुणों से युक्त और भारत के लिए जीने–मरने के संकल्प वाले नागरिकों का निर्माण किया जाता है। शाखा ही संघ कार्य के विस्तार और शक्ति का आधार है। शाखाओं को मजबूत व व्यापक बनाने के लिए संघ को सत्ता की अनुकूलता की जरूरत कभी नहीं रही, बल्कि संघ की शाखाओं का विस्तार तो प्रतिबंध जैसी कठिनाइयों के बीच ही ज्यादा हुआ है। सत्ता संघ का लक्ष्य कभी नहीं हो सकती। इसलिए सत्ता की अनुकूलता या प्रतिकूलता संघ के लिए ज्यादा मायने नहीं रखती, बल्कि देशभक्त और संगठित समाज का निर्माण ही उसका अभीष्ट है। सत्ता की राजनीति के चश्मे से संघ के मर्म को नहीं समझा जा सकता।

(नेशनल दुनिया, 17.04.2014)

□

संस्कृति की साझी विरासत

फाँसी के आठ दशकों बाद भगतसिंह फिर सुर्खियों में हैं। इस चर्चा ने भारत-पाकिस्तान की साझी सांस्कृतिक विरासत के मुद्दे को फिर विमर्श में ला खड़ा किया है। पाकिस्तान में ऐसे बहुत लोग हैं, जो चाहते हैं कि शादमान चौक, जहाँ कभी लाहौर जेल थी और इसी जगह पर भगतसिंह को सुखदेव व राजगुरु के साथ फाँसी दी गई थी, का नाम बदलकर भगतसिंह चौक रख दिया जाए। भगतसिंह अखंड भारत की आजादी के लिए फाँसी पर झूल गए थे, तब आज का पाकिस्तान भी भारत ही कहलाता था। इसलिए भगतसिंह के दीवाने यदि पाकिस्तान में इस तरह की माँग उठा रहे हैं तो यह आश्चर्य की कोई बात नहीं है। लेकिन वहाँ कट्टरपंथी तत्त्वों को भगतसिंह मात्र भारतीय हिंदू स्वतंत्रता सेनानी नजर आते हैं, इसलिए वे चौक का नाम बदलने का विरोध कर रहे हैं। यह मजहब के नाम पर साझी विरासत को बाँटने की ही कोशिश है। लेकिन भगतसिंह की शहादत की यादगार को स्थायी बनाने के लिए शिद्दत से जुटे हैं एक सामाजिक कार्यकर्ता और 'सेव द जूडिशरी कमेटी' के सदस्य इम्तियाज रशीद कुरैशी। उन्होंने लाहौर हाईकोर्ट में भगतसिंह को निर्दोष करार दिए जाने के लिए एक याचिका दाखिल कर दी कि भगतसिंह पर चलाया मुकदमा फर्जी था और उन्हें फाँसी दिया जाना गलत। इसलिए भगतसिंह को निर्दोष घोषित किया जाए।

यह भारत-पाकिस्तान की साझी विरासत का ही फलसफा है कि आज भगतसिंह दोनों देशों के बीच एक सेतु की तरह उभर रहे हैं। 1947 में देश बँट

गया और धरती भी, लेकिन भौगोलिक बँटवारे से संस्कृति नहीं बँटती और न महापुरुष व शहीदों को बाँटा जा सकता है। इसीलिए आज पाकिस्तान अपने को पाँच हजार साल पुरानी सिंधु घाटी सभ्यता की विरासत से जोड़ता है। फिर भगतसिंह कैसे पाकिस्तान के लिए पराए हो सकते हैं। अंग्रेजी साम्राज्यवाद के खिलाफ जान की बाजी लगाकर भारत की स्वाधीनता की लौ जलाए रखनेवाले असंख्य देशभक्त आजादी के मतवालों के बीच भगतसिंह तेजपुंज बनकर उभरे। उन्होंने अंग्रेजों के खिलाफ क्रांतिकारी आंदोलन को न सिर्फ एक रणनीतिक दिशा दी, बल्कि देश की आजादी के लिए सशस्त्र क्रांति को एक वैचारिक आधार भी दिया। इसे उन्होंने बटुकेश्वर दत्त के साथ असेंबली में फेंके बम के धमाके के बाद सदन में उड़ाए गए 'फिलॉसफी ऑफ बम' शीर्षक वाले परचों में खुलकर व्यक्त किया कि किसी की जान लेना उनका मकसद नहीं, बल्कि इन धमाकों से अंग्रेज सरकार के उन बहरे कानों को खोलना चाहते हैं, जिन तक ब्रिटिश राज के अत्याचारों से पीड़ित मानवता की पुकार पहुँचती ही नहीं।

भगतसिंह चाहते तो इस घटनाक्रम से अपने को अलग रख सकते थे। उनके नेता चंद्रशेखर आजाद ने उनसे बार-बार आग्रह किया था कि अंग्रेज पागल कुत्तों की तरह उनकी तलाश में हैं। भगत उनके हाथ लग गए तो अंग्रेज किसी भी कीमत पर उन्हें जिंदा नहीं छोड़ेंगे। इसलिए असेंबली बम कांड में वे शामिल न हों, किसी और को जाने दें। लेकिन भगत सिंह तय कर चुके थे कि मातृभूमि की स्वाधीनता के लिए आंदोलन को चरम परिणति देने हेतु उस समय की युवा पीढ़ी को झकझोरकर खड़ा करने के लिए उनका बलिदान आवश्यक है। वे भारत में क्रांति के दर्शन को भी दुनिया के सामने लाना चाहते थे, जिसे कुछ लोग सिरफिरे नौजवानों की सनक समझते थे कि वे हथियार लेकर जहाँ-तहाँ किसी की भी हत्या करते फिरते हैं और हिंसा फैलाते हैं। इसलिए भगतसिंह देश की आजादी की लौ को और तेज करने के लिए जान-बूझकर मौत के मुँह में कूद पड़े। 23 की उम्र ही कितनी होती है, भरी जवानी में जिंदगी के सपने सजाने की उम्र। लेकिन भगतसिंह ने उसे भारतमाता के कदमों में निछावर कर दिया और 'मेरा रंग दे बसंती चोला' गाते हुए फाँसी पर चढ़ गए। भगतसिंह की उन यादों से पाकिस्तान भी अछूता नहीं है, क्योंकि धरती का वह टुकड़ा भी तब उसी

भारत का हिस्सा था, जिसकी स्वतंत्रता के लिए उन्होंने प्राणों की आहुति दी।

मजहबी कट्टरवाद के आधार पर लोगों की भावनाओं को लंबे समय तक दबाकर नहीं रखा जा सकता। साझी सभ्यता की विरासत का ही नतीजा है कि लाहौर में बसंत उत्सव मनाने की भी शुरुआत हुई। लेकिन उसे भी कट्टरपंथियों के दबाव में बंद करना पड़ा, लेकिन आतंक के बावजूद भावनाएँ हिलोर मारती हैं। यही कारण है कि भगतसिंह के प्रति इम्तियाज रशीद के जज्बे ने ही ब्रिटिश दौर के केस को फिर से खोलने और उन्हें न्याय दिलाने की कोशिश की शुरुआत कराई। भगतसिंह को 23 मार्च, 1931 को फाँसी दी गई थी। रशीद का कहना है कि भगतसिंह भारतीय उपमहाद्वीप की आजादी की लड़ाई के लिए बलिदान हुए। उनका सम्मान पाकिस्तान के संस्थापक मोहम्मद अली जिन्ना तक करते थे।

रशीद ने याचिका में तर्क दिए हैं कि भगतसिंह को फर्जी मामले में फाँसी दी गई थी, क्योंकि इस केस की सुनवाई के लिए जिस ट्रिब्यूनल का गठन किया गया था, वह केवल चार महीनों के लिए ही वैध था। इसने अपना कार्यकाल पूरा होने से केवल छह दिन पहले ही सुनवाई शुरू की। उसने जल्दी फैसला देने के लिए न तो केस से जुड़े 450 गवाहों के बयान दर्ज किए और न भगतसिंह के पक्ष को सुना। इस सजा के खिलाफ लंदन में की गई अपील भी खारिज कर दी गई। कुरैशी इसे अन्याय मानते हैं, इसलिए इस मामले में वे न्याय की गुहार लगा रहे हैं।

जमाउत-उद-दावा और तहरीक हुरमत-उ-रसूल जैसे मजहबी कट्टरपंथी संगठन यदि इसका विरोध करते हैं तो पाकिस्तान में एक बड़े तबके में इसके खिलाफ आवाज उठने से यही संकेत मिलता है कि सांस्कृतिक विरासत को भौगोलिक सीमाओं या मजहब के आधार पर बाँटा नहीं जा सकता। भगतसिंह फाउंडेशन के अध्यक्ष अब्दुल्ला मलिक का यह कहना मायने रखता है कि भगतसिंह आजादी की लड़ाई के हीरो थे, जिसे हिंदू, मुसलमान और सिखों ने मिलकर लड़ा था। इसे मजहबी तौर पर नहीं देखना चाहिए। भगतसिंह के जीवन पर आधारित नाटक 'मेरा रंग दे बसंती चोला' का मंचन करानेवाले थियेटर ग्रुप की संचालिका मदीहा गौहर कहती हैं कि आजादी की लड़ाई में जाति और मजहब से परे और मुसलिम लीग के दायरे से बाहर जाकर दूसरों की भूमिका

को भी पाकिस्तान में पहचान मिलने की जरूरत है। पाकिस्तान को सोचना होगा कि उसने जिन्ना के धर्मनिरपेक्ष पाकिस्तान बनाने के सपने को तोड़कर उसे एक जुनूनी इसलामिक देश में खड़ा करके कहीं गलती तो नहीं कर दी। आज वहाँ जिस तरह कट्टर मजहबी ताकतें पूरे सिस्टम पर हावी हैं, मलाला यूसुफजई जैसी बच्चियाँ उस उत्पीड़न की मिसाल हैं, जहाँ अल्पसंख्यकों का जीना मुहाल है, ऐसा पाकिस्तान कट्टर मजहबी मानसिकता लेकर तरक्कीशुदा दुनिया के साथ कैसे कदम मिलाकर चल पाएगा? यह मानसिकता आज उसके वजूद के लिए ही खतरा बन गई है।

(नेशनल दुनिया, 27.04.2013)

□

चीन की तरक्की और नागरिक चेतना

केंद्र में नरेंद्र मोदी के नेतृत्व में राजग सरकार आने के बाद दुनिया के कई प्रमुख देशों, खासकर पड़ोसी चीन के साथ भारत के संबंधों को लेकर नई आशाएँ जगी हैं। चीन के राष्ट्रपति शी जिनपिंग के भारत आगमन और नरेंद्र मोदी के चीन दौरे के दौरान दिखे उत्साह से इन आशाओं को बल मिला है। हालाँकि चीनी नेताओं के सीमा संबंधी विवादास्पद बयानों और चीनी सेना की सीमा पर भड़काऊ कार्रवाई से चीन के विस्तारवादी रवैए की झलक मिलती रही है। इसलिए जरूरी है कि चीनी मंसूबों के प्रति हम सतर्क भी रहें, फिर वह चाहे पाकिस्तान सहित हमारे पड़ोसियों के साथ चीन की भारत विरोधी दिखनेवाली दुरभिसंधियाँ हों या भारतीय बाजार में बड़े पैमाने पर फैला चीनी सामान अथवा भारतीय सीमा पर चीनी अतिक्रमण, राष्ट्रीय सुरक्षा को लेकर इन खतरों के प्रति मोदी सरकार सचेत दिखती है।

चीन के रवैए और नीतियों से इत्तेफाक न रखते हुए भी भारत में बड़ी संख्या में ऐसे लोग हैं, जो चीन की आर्थिक प्रगति और एक शक्तिशाली देश के रूप में उभरने को चमत्कार से कम नहीं मानते। कभी अफीमचियों का देश कहा जानेवाला चीन कम्युनिस्ट शासन की तानाशाही जैसी स्थितियों से गुजरता हुआ आज एकदम विपरीत ध्रुव पर खड़ा है, जहाँ दम तोड़ता कम्युनिज्म खुली अर्थव्यवस्था की चकाचौंध के बीच आँखें मिचमिचा रहा है। रिपब्लिक ऑफ चाइना आज भी भले ही कम्युनिस्ट पार्टी और उसके झंडे तले शासित हो, लेकिन कम-से-कम चीन की राजधानी बीजिंग और उसके आस-पास के इलाकों में

कम्युनिज्म के चिह्न शायद ही कहीं दिखाई देते हों। आधुनिक चीन के निर्माता माने जानेवाले माओ त्से तुंग की यादें सिर्फ एक संग्रहालय तक सिमटकर रह गई हैं, जो ग्रेट हॉल ऑफ पीपुल्स और ऐतिहासिक थ्येन आन मन चौक के नजदीक स्थित है। मोबाइल और नए-नए गैजेट्स में उलझी नई पीढ़ी को शायद ही माओ याद आते हों, बहुतेरे तो उनका नाम तक नहीं जानते। वैसे भी माओ के बाद कम्युनिस्ट शासकों ने उनकी यादों को खत्म करने में भी कोई कसर नहीं छोड़ी। पिछले महीने बीजिंग प्रवास में मुझे ऐसी कई सच्चाइयों से रूबरू होने का मौका मिला, जो चीन की रहस्यमयता को लेकर उपजती कई तरह की शंकाओं के बीच छिपी थीं।

बीजिंग के प्रसिद्ध सिल्क स्ट्रीट मार्केट की एक दुकान पर सजी छोटी-बड़ी मूर्तियों के बारे में जब सेल्स गर्ल्स अमांडा से पूछा, तो उसने टूटी-फूटी अंग्रेजी में प्रतिप्रश्न किया, 'आर यू इंदू?' मैंने जिज्ञासा जताई—'इंदु मींस?' तो उसने स्पष्ट करते हुए कहा, 'इंडियन'। यानी चीन में भारत से कोई जाए, किसी भी भाषा-मजहब-प्रांत का, तो वह उनके लिए 'इंदू' है। चीन में हिंदुस्तान से गए लोगों को 'इंदू' यानी 'हिंदू' के नजरिए से ही देखा जाता है, बस उच्चारण का फेर है। लेकिन इस 'इंदू' को भारत में जब 'हिंदू' कह दिया जाता है तो बवाल मच जाता है कि देश की विविधता को खत्म करने की कोशिश की जा रही है।

बहरहाल, अमांडा का नाम भी बदलते, खासकर यूरोपीय आधुनिकता के साँचे में ढल रहे चीन का परिचायक है, यानी चीन में पारंपरिक नाम भी पीछे छूट रहे हैं। अमांडा से जब मैंने एक कोने में रखी माओ की 8-10 मूर्तियों के बारे में पूछा, तो अचंभे से बोली, लॉफिंग बुद्धा लो। मैं फिर माओ की मूर्ति की ओर इशारा करता हूँ, तो वह झुँझलाकर कहती है—'इसे कोई नहीं खरीदता, ऐसे ही रखी रहती है। लेना है तो ले लो।' मेरे पूछने पर वह बताती है कि साल में दो-चार मूर्तियाँ मुश्किल से बिकती हैं, बहुत से लोग और खासकर नौजवान तो जानते भी नहीं कि ये चेयरमैन माओ हैं। आर्थिक तरक्की की बेतहाशा दौड़ किस कदर जड़ों से काटती जाती है, चीन के कम्युनिस्ट नियंता इससे बेखबर होकर अपने देश को दुनिया की सबसे बड़ी आर्थिक ताकत बनाने में लगे हैं।

इस सबके बावजूद जिस चीन से अमेरिका भी घबराहट की सीमा तक

आशंकित रहता है, वहाँ के समाज में अनुशासन, नियम-कायदों के पालन की प्रवृत्ति, समय की प्रतिबद्धता, नागरिक दायित्वबोध जैसी खासियतें कम-से-कम बीजिंग में तो खूब देखने को मिलती हैं। दिल्ली से बड़े क्षेत्रफल और आबादीवाले बीजिंग में आप घूम आइए, आपको शायद ही किसी रेड लाइट पर ट्रैफिक पुलिसकर्मी मिलें। बावजूद इसके, रात के समय भी रेड लाइट पार करते कोई शायद ही मिलेगा। स्वच्छता की स्थिति यह है कि सड़कों पर कूड़ा-करकट तो छोड़िए, तिनके भी ढूँढने पड़ेंगे। किसी भी सड़क पर आप खड़े हो जाएँ, हर आधे घंटे में साइकिल पर क्लीनिंग किट लेकर चलता सफाईकर्मी दिख जाएगा। हवाई-अड्डे से लेकर गली-मुहल्लों की सड़कों तक स्वच्छता के प्रति नागरिक चेतना साफ दिखती है। नियम-कायदे से रहना, साफ-सफाई रखना वहाँ एक स्वाभाविक प्रक्रिया है। सरकार के जो भी प्रयास रहे हों, पर मुझे लगता है कि चीन को आगे लाने में इस नागरिक चेतना का योगदान भी कम नहीं है। भले ही किसी दौर में इस सबके लिए सख्ती की गई हो, लेकिन अब की पीढ़ियाँ एक अनुशासित और सिविक सेंस वाले ढाँचे में ढल गई हैं।

हमारे यहाँ आज भी 'इंडियन टाइम' कहकर समय पालन का मजाक उड़ाया जाता है। मोदी सरकार स्वच्छता अभियान चला रही है तो बहुतेरे लोग चुटकी ले रहे हैं कि कूड़ा-कचरा सड़कों व सार्वजनिक स्थलों पर फेंक दो, सरकार का काम है सफाई करना। जब नौकरी में, सामाजिक जीवन में दायित्व-बोध न हो, समय और कर्तव्य का भान करानेवाला व्यक्ति आँखों में खटकने लगता है, तो सरकार सिर के बल क्यों न खड़ी हो जाए, देश के हालात नहीं बदल सकते। अच्छे दिन केवल महँगाई कम होने से नहीं आएँगे, आम जन की सोच और नीयत में बदलाव भी जरूरी है।

चीन में भाषा के सम्मान और स्वाभिमान का आलम यह है कि टैक्सी ड्राइवर से लेकर अधिकारियों व मंत्रियों तक से अंग्रेजी में बात करने के लिए आप तरस जाएँगे। वहाँ किसी को यह आत्महीनता है ही नहीं कि उसे अंग्रेजी नहीं आती। यह अलग बात है कि बाजारीकरण के दौर में चीन अंग्रेजी को बाजार की भाषा के तौर पर आवश्यकतानुसार अपनाने की ओर बढ़ रहा है, लेकिन मानसिकता के स्तर पर अंग्रेजी मंदारिन भाषा पर शायद ही कभी हावी

हो पाए। चीन के साथ वैचारिक और नीतिगत मतभेद रखने के बावजूद वहाँ के समाज की इन खासियतों को नजरअंदाज किया जाना शायद ही संभव हो, क्योंकि ये खासियतें ही किसी समाज और देश को आगे ले जाने में अहम भूमिका निभाती हैं।

(प्रभात खबर, 14.10.2015)

□

आजादी की लड़ाई में संघ की भूमिका

पंद्रह अगस्त 1947 को अंग्रेजों द्वारा भारत छोड़कर जाने और देश को स्वाधीनता मिलने के बाद भी भारतवर्ष औपनिवेशिक मानसिकता से मुक्त नहीं हुआ। भारत को हतबल करने के लिए ब्रिटिश शासन ने मैकाले की षड्यंत्रकारी नीति के तहत जो बौद्धिक विष-बीज बोए, उनमें खाद-पानी देने के लिए यहाँ एक जमात अंग्रेजों की पिट्ठू बनकर फलती-फूलती रही। ये वही लोग हैं, जिन्होंने 9 अगस्त, 1942 को महात्मा गांधी के 'अंग्रेजो भारत छोड़ो' आदोलन के विपरीत अंग्रेजों का समर्थन किया। स्वतंत्र भारत में चीनी आक्रमण के समय भी जिन्हें यह कहते देखा-सुना गया कि चीन यदि भारत पर आक्रमण करता है तो हम कामरेड चीन की सेनाओं का स्वागत करेंगे। 1975 में आपातकाल के रूप में भारत में लोकतंत्र की हत्यारी सत्ता की पालकी ढोनेवाले लोग भी इसी जमात में से थे। यह विडंबना ही है कि आजादी के बाद देश को सँवारने की जिम्मेदारी जिन लोगों पर आई, उन्होंने ही इस भारत विरोधी मानसिकता को सत्ता का सहारा देकर न केवल फलने-फूलने का अवसर दिया, बल्कि देश के बौद्धिक क्षेत्र व शिक्षा व्यवस्था में योजनापूर्वक इनको स्थापित किया।

इसके बेहद खतरनाक नतीजे देश स्वाधीनता के 70 साल बाद भी भोग रहा है, विशेषकर इस रूप में कि भारत के पुनर्निर्माण की सही दृष्टि इनके भ्रमजाल में उलझकर रह गई। भारत, भारतीयता और भारत की जीवन-दृष्टि विशेषकर इसको सही अर्थों व संदर्भों के साथ परिभाषित करनेवाला चिंतन

इनके निशाने पर रहा। इसे लेकर अनेक झूठ गढ़े गए और भ्रम फैलाए गए। खासकर इस नजरिए से कि भारतीय जनमानस, मुख्य रूप से हमारे नौजवान और बच्चों में भारत के प्रति आत्मबोध एवं राष्ट्रीय भावना का संचार न हो; क्योंकि भारत के दुर्बल बने रहने में ही इनका बौद्धिक करोबार फल-फूल सकेगा। ये भले ही भारत में रहते हैं, यहाँ के अन्न-जल-वायु से इनका जीवन प्राण पाता है, परंतु इनके बारे में यह उक्ति प्रचलित हो गई कि जब रूस और चीन में बरसात होती है तो ये भारत में छतरी तान लेते हैं। इससे इनकी वैचारिक निष्ठा को समझा जा सकता है।

राष्ट्रीय स्वयंसेवक संघ, जिसकी स्थापना 1925 की विजयादशमी को डॉ. केशव बलीराम हेडगेवार ने नागपुर में इसलिए की, ताकि देश के हिंदू समाज को संगठित, देशभक्त और चरित्रवान् रूप में फिर से खड़ा किया जा सके; जिससे न केवल भारत स्वतंत्र हो, बल्कि स्वाधीनता अक्षुण्ण भी रहे, वह हमेशा इस जमात के दुष्प्रचार का शिकार बनाया जाता रहा। सत्ता के संरक्षण में संघ के बारे में कई झूठ प्रचारित किए जाते रहे और भ्रम फैलाए गए कि संघ सांप्रदायिक है, संघ हिंदुओं का संगठन करता है, क्योंकि वह मुसलिम विरोधी है या संघ शाखाओं में युवकों को लाठी-तलवार चलाना सिखाकर कट्टरवाद बढ़ा रहा है।

आपातकाल के दौरान संघ पर प्रतिबंध लगाकर बड़े पैमाने पर संघ कार्यालयों पर छापे डाले गए और प्रचारित किया गया कि वहाँ से तलवारें व छुरियाँ मिली हैं, जबकि वे वास्तव में लकड़ी की बनी थीं। गांधी हत्या का झूठा आरोप लगाकर संघ को स्वतंत्र भारत में पहली बार प्रतिबंधित किया गया, लेकिन संघ निर्दोष साबित हुआ और इस अग्नि-परीक्षा से बेदाग बाहर आया। इसके बावजूद आज भी कम्युनिस्ट और कांग्रेसी गांधी हत्या को लेकर संघ के बारे में दुष्प्रचार करते रहते हैं। राहुल गांधी पर तो इसीलिए मानहानि का मुकदमा भी चल रहा है। संघ देश के जनजातीय, पिछड़े और दलित क्षेत्रों में डेढ़ लाख से ज्यादा प्रत्यक्ष सेवा-कार्य करते हुए सामाजिक समरसता व उन्नयन के कार्य में लगा है, इस सच्चाई से आखें मूँदकर ये लोग सिमी और आईएसआईएस जैसे खूँखार संगठनों से संघ की तुलना करते हैं।

इसके पीछे एक ही कारण है कि देशवासियों में संघ के द्वारा सिंचित राष्ट्रीयता की भावना बलवती हुई तो सत्ता-स्वार्थों के लिए देशवासियों को अपने झूठ के जाल में फँसाए रखने का इनका खेल खत्म हो जाएगा और आज यह हो भी रहा है। संघ की समाजसेवा व राष्ट्रभक्ति अब इनके भी सिर चढ़कर बोलने लगी है। अब ये अपनी कोटरों में भी अपना वजूद बचाए रखने के लिए छटपटा रहे हैं, क्योंकि देशवासी इनका फरेब जान गए हैं। हर जगह से इनको नकारा जा रहा है। हालात तो ये हैं कि वर्षों से इनकी घुट्टी पी रहे इनके ही लोग सच जानकर अब इनसे दूर जा रहे हैं। इस बौखलाहट में पं. बंगाल व केरल जैसे राज्यों में तो हिंसा का खूनी खेल खेला जा रहा है।

सत्य का सूर्य झूठ और भ्रांतियों के आवरण में ज्यादा दिनों तक छिपाकर नहीं रखा जा सकता। अब यह चरितार्थ हो रहा है। संघ की स्थापना (1925) के साथ ही इस देश में कम्युनिस्ट बिरादरी ने जन्म लिया। लेकिन इन 92 वर्षों का दौर साक्षी है कि संघ भारतभक्ति का केंद्र बनकर विश्व भर में एक अद्वितीय संगठन के रूप में ख्यात है और कम्युनिस्ट, भारत तो क्या पूरी दुनिया में दुत्कारे जा रहे हैं। एक-एक कर उनके गढ़ ढहते चले गए।

इसके बावजूद यह जमात झूठ और फरेब में ही अपनी जड़ें तलाशती है, जिसका शिकार इन्होंने हमेशा भारत के इतिहास, शिक्षा और राष्ट्रीय जीवन को बनाया। संघ के बारे में जो अनेक झूठ फैलाए गए, उनमें से एक यह भी है कि संघ स्वतंत्रता आंदोलन से हमेशा दूर रहा या जब आजादी की लड़ाई लड़ी जा रही थी, तब संघवाले कहाँ थे? राष्ट्र-निर्माण और सामाजिक उन्नयन को प्राथमिकता में रखकर कार्यरत संघ ने कभी इस तरह के दुष्प्रचारों में उलझकर सफाई देने की व्यर्थ कवायद नहीं की; क्योंकि संघ जानता है कि उसे अपने उद्देश्य से विरत करने की दुर्भावना से ही ये झूठ गढ़े गए। जबकि जिस समाज के बीच संघ काम करता है, वह संघ की वास्तविकता को बखूबी जानता-समझता है, तो फिर सफाई क्यों और किसे दी जाए?

वास्तव में ये सवाल खड़ा करना या यह आरोप ही बेबुनियाद है। जिन डॉ. हेडगेवार ने संघ की स्थापना की, वे स्वयं स्वतंत्रता सेनानी थे। उस समय नागपुर प्रांत के प्रसिद्ध कांग्रेसी नेताओं में उनकी गणना थी, पार्टी के प्रांतीय

मंत्री के रूप में स्वाधीनता आंदोलन की विभिन्न गतिविधियों में उनकी सक्रिय भागीदारी रही। वे कलकत्ता में डॉक्टरी की पढ़ाई करते समय अरविंद घोष के प्रसिद्ध क्रांतिकारी संगठन 'अनुशीलन समिति' के सदस्य रहे और उस रूप में 'कोकोन' छद्म नाम से क्रांतिकारी आंदोलन में भी भाग लिया।

डॉ. हेडगेवार ने बचपन में ही रानी विक्टोरिया के राज्यारोहण की हीरक जयंती पर स्कूल में बाँटे गए लड्डू खाने की बजाय फेंक दिए और कहा कि ये लड्डू हमारी गुलामी के प्रतीक हैं। नौवीं कक्षा में छात्र केशव की पहल पर स्कूल के निरीक्षण के लिए आए अंग्रेज इंस्पेक्टर का स्वागत पूरी कक्षा ने वंदेमातरम् का नारा लगाकर किया। इस अपराध में केशवराव को स्कूल से निकाला गया। ऐसे व्यक्ति ने जिस संघ की स्थापना की, वह संघ देश की आजादी के सरोकारों से अलग कैसे रह सकता था? जब 1930 में रावी तट पर पूर्ण स्वराज्य का संकल्प लिया गया, तब संघ संस्थापक डॉ. हेडगेवार ने पत्र लिखकर संघ शाखाओं में स्वराज दिवस मनाए जाने का निर्देश जारी किया। इतना ही नहीं, महात्मा गांधी के जंगल सत्याग्रह के समय डॉ. हेडगेवार संघ की जिम्मेदारी अन्य वरिष्ठ लोगों को सौंपकर जेल गए।

देश की स्वाधीनता तो संघ के लक्ष्य में निहित थी ही, डॉ. हेडगेवार ने संघ स्थापना का उद्देश्य इससे भी आगे तय किया कि जिन दुर्बलताओं के कारण भारत जैसे शक्तिसंपन्न राष्ट्र की आजादी पर आँच आई, उन कमजोरियों को दूर करना भी उतना ही जरूरी है, ताकि भारत की स्वतंत्रता अक्षुण्ण रह सके। क्या गारंटी है कि देश के आजाद होने के बाद सत्ता-स्वार्थ, परस्पर फूट, नागरिक जीवन में देशभक्ति व चारित्र्य आदि गुणों का अभाव जैसी बुराइयाँ बनी रहीं तो भारत की स्वाधीनता फिर संकट में नहीं पड़ेगी? इसलिए भारत को स्वतंत्र तो कराना ही है, उन सामाजिक और राष्ट्रीय दुर्गुणों को भी दूर करना है; ताकि भारत सदा एक स्वतंत्र राष्ट्र के रूप में सबल, संपन्न व ज्ञानवान् बनकर विश्व में प्रतिष्ठा पाए। इसीलिए संघ के स्वयंसेवक नित्य शाखा में प्रार्थना करते हुए इस संकल्प को दुहराते हैं—'परंवैभवन्नेतुमेतत् स्वराष्ट्रम्' यानी अपने इस राष्ट्र को परम वैभव के शिखर पर पहुँचाना है।

यह दुर्भाग्य ही है कि जो लोग महात्मा गांधी का नाम लेकर देश की

आजादी का श्रेय लेते रहे हैं, उन्होंने सत्ता-स्वार्थों की राजनीति को न केवल परवान चढ़ाया, बल्कि 'हमने देश को आजादी दिलाई' कहकर उन असंख्य राष्ट्रभक्त बलिदानियों का अपमान भी किया है, जिन्होंने बिना कांग्रेसी प्रमाण-पत्र के अपना जीवन सर्वस्व आजादी की बलिवेदी पर निछावर कर दिया। देश की आजादी का सेहरा केवल अपने माथे पर सजानेवालों ने इस नाम पर 60 साल से ज्यादा सत्तासुख भोगा और देश में क्षेत्र, भाषा, मजहब व जाति की विभेदकारी राजनीति करते हुए भारत की एकात्मता व अखंडता को गंभीर आघात पहुँचाया। देश में जिन विभाजनकारी प्रवृत्तियों, अलगाववाद, आतंकवाद व भ्रष्टाचार के नागों ने फन फैलाया, इसके विस्तार में इस जमात की प्रमुख भूमिका रही है।

'हमने देश की आजादी की लड़ाई लड़ी' कहकर कितने दिन ये देश को गुमराह करेंगे और अपने मुँह मियाँ मिट्ठू बनते रहेंगे ? संघ ने न केवल स्वाधीन भारत का संकल्प सँजोया, बल्कि आजादी के बाद देश को स्वतंत्र राष्ट्र के रूप में सर्वसामर्थ्यवान् बनाने के प्रयत्नों में लगे करोड़ों चरित्रवान्, देशभक्त, समाजसेवी और भ्रातृत्वभाव से ओतप्रोत स्वयंसेवक खड़े कर दिए, जिनका प्रभाव आज समाज से सरकार तक दिख रहा है। संघ सद्गुण-सदाचार से युक्त, स्वार्थ-भेद से मुक्त, देश के लिए जीने-मरनेवाले नागरिकों को गढ़ रहा है, उसे राजनैतिक चश्मे से नहीं आँका जा सकता। संघ विचार को राजनैतिक मीमांसा से नहीं समझा जा सकता, उसका विस्तार तो एक व्यापक सामाजिक-सांस्कृतिक फलक तक है। संघ के घोर विरोधी रहे तत्कालीन प्रधानमंत्री पंडित नेहरू ने भी संघ की भूमिका को समझकर 26 जनवरी, 1963 की परेड में संघ के कार्यकर्ताओं की टोली को पूर्ण गणवेश और संघ-बैंड के साथ आमंत्रित किया। यह संघ की यशस्विता और राष्ट्रीय जीवन में उसकी समर्पित भूमिका का ही परिचायक है। 'संघ ने आजादी के आंदोलन में भाग नहीं लिया' जैसे झूठ का कीचड़ उछालकर विरोधी अपने दामन को ही गंदा कर रहे हैं।

(दैनिक ट्रिब्यून, 15.08.2017)

□

आम आदमी से बड़ा सबक

दिल्ली के चुनाव नतीजे बेहद अकल्पनीय हैं, शायद आम आदमी पार्टी के लिए भी उतने ही। यह दिल्ली के राजनीतिक इतिहास की ऐसी परिघटना है, जो एक मिसाल बनी रहेगी। चुनाव में हार-जीत एक स्वस्थ लोकतांत्रिक प्रक्रिया है। उसे हर राजनीतिक दल और नेता को उतनी ही परिपक्वता के साथ बिना किसी किंतु-परंतु के स्वीकार करना चाहिए। प्रधानमंत्री नरेंद्र मोदी ने दिल्ली विधानसभा चुनात में आम आदमी पार्टी की ऐतिहासिक जीत पर अरविंद केजरीवाल को अविलंब बधाई देकर उसी सदाशयता का परिचय दिया है और यह संकेत भी कि राजनीतिक दुराग्रहों से ऊपर उठकर केंद्र सरकार जन-भावनाओं का आदर करते हुए दिल्ली के सर्वांगीण विकास के लिए नवनिर्वाचित सरकार को पूर्ण सहयोग देने को तत्पर है।

वस्तुतः दिल्ली के विकास की रफ्तार केंद्र के सहयोग के बिना शायद ही आगे बढ़ सकेगी। उम्मीद की जानी चाहिए कि केजरीवाल दिल्ली के लिए टकराव की बजाय सामंजस्य की राजनीति ही अपनाएँगे। लोकतंत्र में राजनीतिक जिद और अहंकार के लिए कोई स्थान नहीं होना चाहिए। दिल्ली के चुनाव ने यह पन्ना और भी साफतौर पर सबके सामने खोलकर रख दिया है, जहाँ 'आम आदमी' ने स्वनामधन्य बड़े दलों के राजनीतिक अहंकार को चूर-चूर कर दिया।

यह चुनाव भारतीय जनता पार्टी और आम आदमी पार्टी के लिए मानो जीवन-मरण का प्रश्न बन गया था। कांग्रेस तो जैसे अपनी उपस्थिति भर दर्ज

कराने के लिए यह चुनाव लड़ रही थी, नतीजों ने भी यह साफ कर दिया है। मोदी के नारे के अनुसार, दिल्ली तो कांग्रेस मुक्त हो ही गई, लेकिन ये नतीजे भा.ज.पा. के लिए कुछ सबक भी छोड़ गए हैं। उनको पढ़ने और समझने से गुरेज किया जाना भा.ज.पा. के भविष्य के लिए शुभ संकेत नहीं माना जा सकता। आप नेताओं का यह कहना है कि विनम्रता विजय का गहना है और केजरीवाल का बयान कि भा.ज.पा. और कांग्रेस को अहंकार की सजा मिली, यदि हम भी ऐसा अहंकार दिखाएँगे तो जनता हमें भी न बख्शे, सत्ता के अहंकार से मुक्त शासन का संकेत देनेवाला है।

यह शासन की बागडोर सँभालने के बाद केजरीवाल और उनकी पार्टी के लिए एक कड़ी अग्निपरीक्षा होगी कि वे उतनी ही विनम्रता से जनता की उम्मीदों पर खरे उतर सकें। दिल्ली की जनता के सामने उन्होंने उम्मीदों का पहाड़ खड़ा कर दिया है। यू.पी.ए. शासन की दस वर्षों की विफलता के विकल्प के रूप में दिल्ली की जनता ने लोकसभा चुनाव से भी ज्यादा अकल्पनीय नतीजे आप के पक्ष में दिए हैं, तो जाहिर है, केजरीवाल के कंधों पर चुनौतियों का बोझ भी उतना ही ज्यादा है। अब वह अपनी पिछली 49 दिनों की सरकार छोड़कर भागने जैसी बेबसी को भी जायज नहीं ठहरा पाएँगे। इतनी बड़ी जीत केजरीवाल के लिए भी सबक है कि वह अब जिद और अपरिपक्व राजनीति के भरोसे सुशासन नहीं दे पाएँगे।

अब डिबेट और आंदोलन की मानसिकता से निकलकर उन्हें डिलीवरी सुनिश्चित करनी पड़ेगी, तब वह न केवल दिल्ली की जनता की अपेक्षाओं पर खरे उतरेंगे, बल्कि देश में भा.ज.पा. विरोधी राजनीति का एक सशक्त और प्रभावी चेहरा बनकर उभरने की संभावनाओं को भी मजबूत करेंगे, जैसा कि उनकी जीत के बाद नीतीश और ममता बनर्जी जैसे धुर भा.ज.पा. विरोधी नेता उम्मीद पालते दिख रहे हैं।

हालाँकि इन नतीजों को मोदी सरकार के लिए जनमत संग्रह के तौर पर नहीं देखा जा सकता, क्योंकि विधानसभा चुनाव में स्थानीय मुद्दों पर ही जनता का ध्यान केंद्रित रहता है, जिन्हें केजरीवाल ने बखूबी अपने चुनाव प्रचार के केंद्र में रखा और भा.ज.पा. उन पर फोकस नहीं कर पाई, नतीजतन उसके चुनाव

अभियान में बिखराव नजर आया। वैसे भी मोदी सरकार ने अपने कामकाज को लेकर कोई नकारात्मक संदेश नहीं छोड़ा है, बल्कि देश की आर्थिक बेहतरी का मोर्चा हो या वैश्विक स्तर पर भारत की एक सशक्त राष्ट्र के रूप में उभरी छवि का, हालात अच्छे दिनों का संकेत देनेवाले ही हैं। फिर भी महज नौ माह का समय मूल्यांकन के लिहाज से कोई ज्यादा नहीं होता। यह पार्टी की रणनीतिक चूक ही मानी जाएगी कि उसके कुछ जुनूनी नेता केजरीवाल के विरुद्ध जितना हो सकता था, नकारात्मक प्रचार में ही अपनी ताकत झोंकते रहे।

आरोप-प्रत्यारोप और शब्दावली के स्तर पर जितना जहरीला यह चुनाव बन गया था, उतना शायद ही कोई चुनाव रहा हो। केजरीवाल को लेकर भा.ज.पा. की आक्रामक रणनीति में नकारात्मकता क्लाइमेक्स पर दिखी। जनता एक सीमा के बाद आक्रामकता और नकारात्मकता को खारिज कर देती है। शायद इसी वजह से दिल्ली की जनता ने भा.ज.पा. की अपील को अनसुना कर दिया। केजरीवाल की बंपर जीत में जनता का सकारात्मक वोट बहुत मायने रखता है। जिन किरण बेदी के नाम पर भा.ज.पा. ने ऐन चुनाव के बीच में दाँव खेला, दिल्ली में भा.ज.पा. की सबसे ज्यादा सुरक्षित मानी जानेवाली कृष्णानगर सीट से भी वे चुनाव हार गईं। पार्टी भी महज तीन सीटों तक सिमटकर रह गई, जबकि पिछले विधानसभा चुनाव में उसने 32 सीटें जीती थीं।

दिल्ली में एक बार फिर वही दृश्य देखने को मिल रहा है, जो लोकसभा चुनाव के दौरान देश भर में मोदी के नेतृत्व में भा.ज.पा. के पक्ष में दिखा था कि जनता के सभी वर्गों ने जाति-मजहब से ऊपर उठकर पार्टी को पूर्ण बहुमतवाली सरकार बनाने का मौका दिया। केजरीवाल को मिला जन-समर्थन भी शायद यही दर्शाता है। किरण बेदी को मुख्यमंत्री उम्मीदवार घोषित किया जाना और बड़ी संख्या में बाहरी नेताओं व कार्यकर्ताओं को प्रचार में झोंक देना भी शायद भा.ज.पा. के लिए नुकसानदेह साबित हुआ। इससे स्थानीय नेतृत्व और कार्यकर्ताओं में यह संदेश गया कि केंद्रीय नेतृत्व का विश्वास उन पर नहीं है। यह भी कि जिंदगी भर जान खपाएँ हम और मौका आने पर दूसरों की पालकी ढोने को हमें ही विवश होना पड़े। दिल्ली के टिकट वितरण में भी शायद ही स्थानीय नेताओं से राय-मशविरा किया गया हो। यहाँ तक कि दूसरे दलों से

आए कई नेताओं को जुझारू पार्टी कार्यकर्ताओं को दरकिनार कर आनन-फानन में टिकट दे दिए गए। साफ है कि दिल्ली को समझने में कहीं-न-कहीं चूक हुई। भा.ज.पा. सांसद मनोज तिवारी तक कह रहे हैं कि पूर्वांचलियों को अपेक्षित संख्या में टिकट न दिया जाना भारी पड़ा।

ये चुनाव नतीजे भले ही मोदी सरकार पर रिफरेंडम न हों, पर पार्टी ने केवल 70 सीटों वाले आधे-अधूरे राज्य के चुनाव में प्रधानमंत्री को झोंककर उस जादू पर तो सवाल खड़े करवा ही दिए, जिनके लिए नरेंद्र मोदी का डंका बजता रहा है। दिल्ली के चुनाव नतीजों का आनेवाले बिहार या पश्चिम बंगाल के चुनावों पर शायद ही कोई असर पड़े, क्योंकि वहाँ भा.ज.पा. के मुकाबले में जिद और अहंकार में डूबे नेता ही हैं। लेकिन देश की राजनीति में एक बदलाव की आहट जरूर सुनाई दे गई है। भा.ज.पा. की रणनीतिक चूक व अति आत्मविश्वास से घटी इस परिघटना का राजनीतिक संदेश दिल्ली के बाहर तक जाएगा और इन संकेतों को पढ़ने में भा.ज.पा. ने संकोच किया तो उसके लिए आगे की राह कठिन हो सकती है।

(नेशनल दुनिया, 11.02.2015)

□

वक्त बनेगा केजरीवाल की कसौटी

अरविंद केजरीवाल की अगुआई में आम आदमी पार्टी ने प्रचंड जन-लहर पर सवार होकर दिल्ली की सत्ता में वापसी की है। उन्होंने ऐसा कर जनता के दिलो-दिमाग पर मजबूती के साथ अपनी 'बदलाव के दूत' की छाप पक्की की। इस ऐतिहासिक और बड़ी जीत का श्रेय काफी हद तक आई.आई.टी. पृष्ठभूमि के 46 साल के केजरीवाल को दिया जा रहा है, जिन्होंने इस चुनाव में दिल्ली के सभी तबकों को आकर्षित करने में कामयाबी हासिल की है।

लोकसभा चुनाव में पार्टी की भारी शिकस्त के बाद केजरीवाल ने शांत भाव से पार्टी को मजबूत करने पर जोर दिया और इसके विभिन्न प्रकोष्ठ बनाए। 'भागीदारी वाली राजनीति' का मॉडल पेश करते हुए उन्होंने जनता से सीधा संपर्क स्थापित किया, जिसमें उनके स्वयंसेवियों ने भी बढ़-चढ़कर हिस्सा लिया। पिछले साल 49 दिनों के बाद मुख्यमंत्री पद से इस्तीफा देनेवाले केजरीवाल को घोर आलोचना का सामना करना पड़ा था। इन आलोचनाओं का सामना करते हुए केजरीवाल ने गरीबों और मध्यमवर्ग के बीच पार्टी का जनाधार मजबूत करने के लिए गैर-पारंपरिक रुख अपनाया और इसमें उन्हें कामयाबी भी मिली।

बदलाव का वादा करते हुए पूर्व मुख्यमंत्री आप का एजेंडा लोगों के पास लेकर गए। इसके साथ ही उन्होंने पिछले साल 14 फरवरी को 49 दिन के भीतर सरकार छोड़ने के लिए कई बार माफी माँगी। इसके जरिए वह सभी तबकों से जुड़ने में सफल रहे। राजनीति के वैकल्पिक ब्रांड का प्रतीक बने और इंजीनियरिंग क्षेत्र को छोड़कर नौकरशाह और फिर राजनीति में कदम रखनेवाले केजरीवाल

ने दिसंबर 2013 के विधानसभा चुनाव में 15 साल के कांग्रेस शासन को बाहर का रास्ता दिखाया और शीला दीक्षित जैसी कद्दावर नेता को भी मात दी। पहले ही चुनाव में उनकी पार्टी को 28 सीटें मिलीं।

चुनावी राजनीति में उतरने के साथ ही केजरीवाल पहली बार में ही दिल्ली के मुख्यमंत्री बन गए थे। इस दौरान वह कुछ विवादों में भी रहे। तीन पुलिस अधिकारियों के निलंबन की माँग को लेकर उन्होंने संसद् के निकट धरना दिया, जिसको लेकर विवाद हुआ था। शासन के एजेंडे को लेकर भी वह विरोधियों के निशाने पर आए। 16 अगस्त, 1968 को हरियाणा के हिसार में गोविंद राम केजरीवाल एवं गीता देवी के घर पैदा हुए केजरीवाल ने भ्रष्टाचार के खिलाफ बड़ा जनांदोलन खड़ा किया और मतदाताओं को जागरूक किया। भ्रष्टाचार, बिजली एवं पानी के बिल में बढ़ोतरी, महिला सुरक्षा के मुद्दों को लेकर भा.ज.पा. और कांग्रेस पर उन्होंने जमकर हमला बोला। इसके जरिए उन्होंने इन पार्टियों के पारंपरिक वोट- बैंक में बड़ी सेंध लगाई।

सामाजिक कार्यकर्ता अन्ना हजारे के नेतृत्व में चले जनलोकपाल आंदोलन से चर्चित हुए केजरीवाल टीम अन्ना के अहम सदस्य थे। उसी आंदोलन में किरण बेदी और प्रशांत भूषण भी उनके साथ थे। जनलोकपाल विधेयक का मसौदा तैयार करने के लिए सरकार की ओर से बनाई गई समिति में वह सिविल सोसाइटी की ओर से सदस्य थे। इसी आंदोलन के दौरान कांग्रेस तथा कुछ दूसरे दलों के नेताओं ने उन्हें चुनौती दी कि अगर वह व्यवस्था से लड़ना, भ्रष्टाचार खत्म करना और जनलोकपाल विधेयक पारित करना चाहते हैं, तो राजनीति में आएँ और चुनाव जीतें। केजरीवाल ने राजनीति में कदम रखा और 26 नवंबर, 2012 को 'आम आदमी पार्टी' का गठन किया। आई.आई.टी. खड़गपुर से पढ़ाई करने के बाद केजरीवाल ने 1989 में टाटा स्टील में नौकरी शुरू की। इसमें करीब तीन वर्ष तक नौकरी करने के बाद उन्होंने संघ लोक सेवा आयोग की परीक्षा पास की तथा आई.आर.एस. अधिकारी बने। कई वर्षों तक नौकरशाह के तौर पर काम करने के बाद उन्होंने सूचना के अधिकार कानून (आर.टी.आई.) की माँग को लेकर काम आरंभ किया। इसी क्षेत्र में काम करने को लेकर साल 2006 में उन्हें रैमन मैग्सेसे पुरस्कार मिला। फरवरी 2006 में उन्होंने नौकरी छोड़ दी।

दिल्ली विधानसभा चुनाव में शानदार जीत के ऐतिहासिक मौके पर अरविंद केजरीवाल अपनी पत्नी सुनीता के योगदान को नहीं भूले और हमेशा साथ निभाने के लिए बड़ी आत्मीयता से उन्हें गले लगा लिया। सुनीता से केजरीवाल की मुलाकात मसूरी में राष्ट्रीय प्रशासनिक अकादमी में हुई थी, जहाँ दोनों भारतीय राजस्व सेवा (आई.आर.एस.) परीक्षा में सफल होने के बाद प्रशिक्षण हासिल कर रहे थे। अपनी पार्टी की शानदार जीत के बाद जब केजरीवाल पहली बार पार्टी कार्यकर्ताओं को संबोधित कर रहे थे, तो भावविभोर नजर आ रही सुनीता खामोशी के साथ उनके साथ खड़ी थीं। सुनीता खुद भी आई.आर.एस. अधिकारी हैं। पार्टी कार्यकर्ताओं को संबोधित करते हुए केजरीवाल ने कहा कि सुनीता के सतत समर्थन और समझ के बिना यह जीत संभव नहीं होती। उन्होंने कहा कि वह कभी सामने नहीं आईं, लेकिन वह हमेशा साथ थीं। यदि वह साथ नहीं होती तो मेरे लिए कुछ भी हासिल करना संभव नहीं होता। केजरीवाल अकसर बड़ी आत्मीयता के साथ उस दिन को याद करते हैं, जब उन्होंने सुनीता के समक्ष अपना प्रेम प्रस्ताव रखा था। बताते हैं कि एक दिन अकादमी में उन्होंने सुनीता के दरवाजे पर दस्तक दी और उनके सामने प्रेम प्रस्ताव रख दिया। सुनीता ने उसका सकारात्मक जवाब दिया, फिर हम दोनों के बीच दोस्ती चल पड़ी।

केजरीवाल दंपती के दो बच्चे हैं। बेटी हर्षिता आई.आई.टी. दिल्ली में अध्ययनरत है और बेटा पुलकित स्कूल में पढ़ रहा है। वह फिलहाल कौशांबी में अपने माता-पिता के साथ एक फ्लैट में रहते हैं, जो बतौर आई.आर.एस. अधिकारी उनकी पत्नी को मिला हुआ है।

आम आदमी पार्टी (आप) के राष्ट्रीय संयोजक अरविंद केजरीवाल को दिल्ली विधानसभा चुनावों में ऐतिहासिक जीत के साथ कई कठिन चुनौतियाँ भी मिली हैं। इन चुनौतियों से निपटना केजरीवाल के लिए अग्नि-परीक्षा के समान होगा। सामने जो सबसे बड़ी चुनौती उभरकर आएगी, वो है आधी दरों पर बिजली व मुफ्त में पानी घर-घर पहुँचाना। गरमियों की आहट चंद दिनों बाद ही देखने को मिलेगी। ऐसे में जेठ की दुपहरी में प्रत्येक दिल्लीवासी को बिजली और पानी की आवश्यकता होगी।

लोकसभा चुनाव 2014 के मुकाबले दिल्ली विधानसभा चुनाव 2015 में आम आदमी पार्टी का प्रदर्शन एकदम उलट इसलिए रहा है, क्योंकि पिछले चुनाव में पार्टी और उसके मुखिया अरविंद केजरीवाल ने जो गलतियाँ की थीं, उनसे उन्होंने सीख ली और विधानसभा चुनाव में उन्हें सुधार लिया। तो आइए, एक नजर डालते हैं, उन गलतियों पर, जो सुधारी गईं—

लोकसभा चुनाव में आम आदमी पार्टी का प्रचार सकारात्मक था। पार्टी और उसके नेता प्रचार करते हुए यह बताया करते थे कि आखिर नरेंद्र मोदी और बी.जे.पी. को वोट क्यों नहीं देना है? जबकि खुद आम आदमी पार्टी सत्ता में आने पर या जीतने पर क्या करेगी, इस पर पार्टी का जोर कम था। लेकिन इस बार के चुनाव में पार्टी ने सकारात्मक प्रचार किया और जोर इस बात पर दिया कि अगर वह दोबारा सत्ता में आएगी, तो दिल्ली के लिए क्या करेगी?

लोकसभा चुनाव के दौरान अरविंद केजरीवाल से लेकर पार्टी के सभी नेताओं के निशाने पर मीडिया रहा करता था। पार्टी आरोप लगाया करती थी कि मीडिया जान-बूझकर नरेंद्र मोदी की वाहवाही और केजरीवाल की बेमतलब आलोचना कर रहा है, जिससे उन्हें काफी नुकसान भी हुआ। क्योंकि इससे जनता में संदेश यह गया कि केजरीवाल सबको ही चोर और बिका हुआ बता रहे हैं। इससे यह धारणा बनी कि चूँकि पार्टी हार रही है, इसलिए बेमतलब सभी पर आरोप लगा रही है। जबकि दूसरी ओर मीडिया पर यह आरोप लगता रहा है कि आम आदमी पार्टी को उसने ही जरूरत से ज्यादा कवरेज देकर यहाँ तक पहुँचाया है, लेकिन इस बार आम आदमी पार्टी ने मीडिया पर बिल्कुल हमला नहीं किया। हाँ, कुछ व्यंग्य जरूर किया। जैसे केजरीवाल अपनी जनसभाओं में बोलते रहे कि जब मैंने बिजली के बिल आधे किए तो मीडियावालों ने मेरा बड़ा मजाक उड़ाया और यह सुनकर वहाँ मौजूद जनता खूब ताली बजाती रही, लेकिन मोटे तौर पर इस बार उनके मीडिया से रिश्ते मधुर बने रहे।

अरविंद केजरीवाल लोकसभा चुनाव में नरेंद्र मोदी से सीधा भिड़कर बहुत नुकसान उठा चुके थे, इसलिए इस बार फैसला कुछ और किया गया। चूँकि जनता आज भी नरेंद्र मोदी से निराश या नाराज नहीं है, बल्कि उम्मीदों से भरी है। सो, ऐसे में केजरीवाल या उनकी पार्टी ने फैसला किया कि किसी भी सूरत

में वह बी.जे.पी. से भिड़ेगी, लेकिन मोदी से नहीं। हालाँकि प्रधानमंत्री मोदी के आरोपों का जवाब देने में पार्टी या केजरीवाल ने देर नहीं लगाई, लेकिन केजरीवाल उनसे सीधे भिड़े नहीं और इसका खूब फायदा भी मिला।

दिल्ली विधानसभा चुनाव के नतीजे चौंकाने वाले हैं। आम आदमी पार्टी प्रचंड बहुमत हासिल करने में कामयाब रही है। आम आदमी पार्टी को खुद भी इतनी बड़ी जीत का भरोसा नहीं था। अपने सर्वे में भी आप ने जो अधिकतम बताई थीं, उससे काफी ज्यादा सीटें उन्हें मिली हैं। आइए, जानते हैं कि आखिर और क्या-क्या रहीं इस प्रचंड जीत की मुख्य वजह—

- आम आदमी की नब्ज पकड़ने में रहे कामयाब।
- कांग्रेस, भा.ज.पा. छोड़ अन्य कुछ क्षेत्रीय पार्टियों का भी मिला समर्थन।
- आप के खेमे में आया कांग्रेस का वोटर।
- भा.ज.पा. ने आप को गंभीरता से नहीं लिया।
- केजरी ने अपनी गलती मानी। उन्होंने सिर्फ 49 दिनों में मुख्यमंत्री पद छोड़ने की जो गलती की थी, उसे स्वीकार किया। केजरीवाल ने कहा कि हाँ, मुझसे गलती हुई है, लेकिन मैंने कोई जुर्म नहीं किया है, कोई भ्रष्टाचार नहीं किया। जिसका दिल्ली की जनता ने सम्मान किया। शायद दिल्लीवालों ने केजरीवाल को बहुमत देकर उन्हें माफी भी दे दी है।
- मोदी पर प्रहार नहीं किया, गिनाए विकास के मुद्दे।
- लोकसभा चुनाव के बाद सिर्फ दिल्ली पर फोकस किया।
- भा.ज.पा. की नेगेटिव कैंपेनिंग का भी मिला फायदा।

लेकिन क्या केजरीवाल वाकई विनम्र और राजनैतिक रूप से समझदार हो गए हैं, यह तो आने वाले वक्त ही बताएगा और यह भी कि वह जनता की उम्मीदों पर कितना खरा उतर पाएँगे?

(नेशनल दुनिया, 15.02.2017)

□

तो कब बनेगा तेलंगाना?

कांग्रेस ने आंदोलन की आग से झुलसने से बचने के लिए 'तेलंगाना' बनाने का मन बनाया या फिर आंध्र प्रदेश में अपनी डूबती नैया बचाने के लिए, यह कोई अबूझ पहेली नहीं है। बहरहाल, खुद गृहमंत्री ऐलान कर चुके हैं कि संसद् के मौजूदा सत्र में तेलंगाना के गठन का बिल पेश नहीं किया जाएगा। ऐसा न हो कि तेलंगाना फिर एक राजनीतिक झुनझुना ही साबित हो, जो पिछले कुछ सालों से सिर्फ बज रहा है। अभी कैबिनेट में भी यह प्रस्ताव न आने से ऐसी आशंकाओं को दरकिनार नहीं किया जा सकता। जगन मोहन रेड्डी के अलग पार्टी बनाने और उसे जमाने के कारण आंध्र में कांग्रेस का चुनावी गणित वैसे भी गड़बड़ है। शायद इस वजह से भी तेलंगाना राष्ट्र समिति और कांग्रेस में सौदा हुआ। सौदा है, तुम हमें राज्य दो, हम तुम्हें अपना अस्तित्व सौंप देंगे। इसमें भी पेंच फँस गया है। तेलंगाना राष्ट्र समिति (टी.आर.एस.) के प्रमुख के. चंद्रशेखर राव संसद् में बिल लाए जाने के बाद ही कांग्रेस में टी.आर.एस. के विलय के पक्ष में हैं। ऐसे में आंध्र और तेलंगाना की दो नावों पर एक साथ पैर रखने की कोशिश कहीं कांग्रेस को हुसैन सागर में डुबो न दे।

तेलंगाना के विरोध में तटीय आंध्र और रायलसीमा क्षेत्र में. जगह-जगह जबर्दस्त आंदोलन शुरू हो गए हैं। एक होमगार्ड सहित दो लोगों ने तो आत्महत्या कर ली है। जहाँ दर्जन भर सांसदों और राज्य सरकार के 13 मंत्रियों ने इस्तीफे दे दिए हैं, वहीं केंद्र सरकार के पाँच मंत्री जेब में इस्तीफे लिये घूम रहे हैं। पूरे राज्य की फिजाँ में तनाव घुल चुका है। कांग्रेस के नेता ही नहीं, राज्य के मुख्यमंत्री

तक तेलंगाना बनाने के फैसले को दुखदायी बता चुके हैं। कांग्रेस ने अपने ही लिए मुसीबत की पोटली खोल ली है। आंध्र की राजनीति में तो उथल-पुथल है ही, देश में लंबे समय से उठती रहीं लगभग आधा दर्जन अलग राज्यों की माँगों को भी तेलंगाना के गठन ने हवा दे दी है। गोरखालैंड, बोडोलैंड और कार्बी आँगलाँग के लिए तो आंदोलन हिंसक होता जा रहा है। देश की आजादी के बाद राज्य पुनर्गठन आयोग का गठन कर भले ही भाषायी आधार पर नए राज्य बनाए गए हों, लेकिन आज विकास की संभावनाओं के मद्देनजर छोटे राज्यों का निर्माण समय की आवश्यकता लगता है। लेकिन अगर नए छोटे राज्यों को सही नेतृत्व न मिले तो संसाधन होते हुए भी राज्य कैसे दुर्दशाग्रस्त होता है, झारखंड इसका उदाहरण है। सही नेतृत्व मिलने पर उत्तराखंड और छत्तीसगढ़ की तरह जनाकांक्षाओं पर खरा भी उतरा जा सकता है।

करीब 60 साल लंबे संघर्ष और बलिदान के बीच आखिरकार तेलंगाना के लोगों की मुराद पूरी होने की उम्मीद जगी है। कांग्रेस कार्यसमिति और संप्रग के सहयोगियों की मंजूरी के बाद संभावित तेलंगाना देश का 29वाँ राज्य होगा। हैदराबाद को अगले दस साल के लिए आंध्र प्रदेश और प्रस्तावित तेलंगाना राज्य की साझा राजधानी बनाने की सिफारिश का निर्णय लिया गया। यह चंडीगढ़ की तरह है, जो हरियाणा और पंजाब दोनों की राजधानी बना हुआ है।

तेलंगाना के प्राचीन स्वरूप पर नजर डालें तो तेलंगाना तेलुगु भूमि है। यहाँ प्रचलित कथा के अनुसार त्रेता युग में श्रीराम अपनी पत्नी सीता और भाई लक्ष्मण के साथ वनवास के दौरान भद्राचलम से 25 किलोमीटर दूर गोदावरी के तट पर कुटी बनाकर रहे थे। जिस तेलंगाना राज्य के लिए आंदोलन चलाया गया, उसकी भौगोलिक सीमा में आंध्र प्रदेश के 10 जिले और विधानसभा की 294 सीटों में से 113 सीटें आती हैं। एक नवंबर, 1956 को मद्रास प्रेसिडेंसी से अलग कर आंध्र प्रदेश राज्य का गठन हुआ, लेकिन तेलंगाना क्षेत्र के लोगों ने आंध्र में इसके विलय का विरोध किया था। उन्हें डर था कि वे शिक्षा और नौकरियों के मामले में पिछड़ जाएँगे। उनका डर कहीं-न-कहीं सही साबित हुआ और दोनों क्षेत्रों में यह अंतर अब भी बना हुआ है। भौगोलिक रूप से तेलंगाना 1,14,840 वर्ग किलोमीटर में फैला एक ऐसा क्षेत्र है, जो निजाम रियासत का अंग रहा। इसका

17 सितंबर, 1948 को भारत में विलय हो गया और उसे मद्रास प्रांत का हिस्सा बनाया गया। नए राज्य की माँग को लेकर 53 दिनों तक आमरण अनशन पर बैठे पोट्टी श्रीरामलू की मृत्यु के बाद फजल अली राज्य पुनर्गठन आयोग की सिफारिशों के आधार पर आंध्र प्रदेश का गठन हुआ। शुरू में इसकी राजधानी कर्नूल शहर था, जो रायलसीमा क्षेत्र में पड़ता है और औपचारिक रूप से राज्य की घोषणा के बाद आंध्र प्रदेश की राजधानी हैदराबाद में बनी।

नेहरू सरकार की ओर से 1953 में राज्यों के पुनर्गठन के लिए गठित 'फजल अली आयोग' ने तेलंगाना को एक अलग राज्य बनाए रखने की सिफारिश की थी। वैसे आंध्र क्षेत्र के नेताओं का दबाव था कि तमाम तेलुगुभाषी लोगों के लिए तटीय आंध्र, रायलसीमा और तेलंगाना को मिलाकर एक ही राज्य बनाया जाए। केंद्र ने यह बात स्वीकार कर ली और तत्कालीन मुख्यमंत्री बुरुगुला रामकृष्ण राव ने इस फैसले का समर्थन किया, जबकि तेलंगाना क्षेत्र में इसका विरोध हो रहा था।

आंध्र विधानसभा ने 25 नवंबर, 1955 को तेलंगाना के हितों की सुरक्षा करने का वादा किया। तेलंगाना और आंध्र के नेताओं के बीच एक समझौता हुआ। बेज्वाडा गोपाल रेड्डी और बुरुगुला रामकृष्ण राव ने एक समझौते पर हस्ताक्षर किए। फिर राज्य पुनर्गठन अधिनियम के तहत हैदराबाद के तेलुगुभाषी इलाकों को आंध्र के साथ मिला दिया गया। इसके फलस्वरूप एक नवंबर, 1956 को आंध्र प्रदेश राज्य बना और हैदराबाद उसकी राजधानी। तेलंगाना की जनता में यह डर पैदा करने की भी कोशिश की गई कि आंध्र के शक्तिशाली लोग उनके साथ अन्याय करेंगे। इन्हीं आशंकाओं के मद्देनजर नेहरू सरकार ने आंध्र और तेलंगाना क्षेत्र के नेताओं के बीच एक 'जेंटलमेंस एग्रीमेंट' करवाया। इसके अंतर्गत तेलंगाना में स्थानीय नागरिकों के अधिकारों के संरक्षण के अनेक प्रावधान रखे गए, इन्हें 'मुल्की रूल' का नाम दिया। यह भी तय किया गया कि आंध्र और तेलंगाना क्षेत्रों पर सरकारी आय का कितना हिस्सा खर्च होगा। लेकिन कुछ ही समय बाद इस समझौते का उल्लंघन शुरू हो गया। तेलंगाना के लोगों को शिकायत थी कि उनके साथ अन्याय किया जा रहा है। राजस्व का बड़ा हिस्सा आंध्र में खर्च किया जा रहा है और नदियों के पानी से भी उसी क्षेत्र को लाभ मिल रहा है।

आंध्र प्रदेश में पृथक् तेलंगाना राज्य की माँग को लेकर पिछले छह दशकों से आंदोलन चल रहा है। 1960 के दशक में यह आंदोलन छात्रों ने शुरू किया और उस्मानिया विश्वविद्यालय इसका केंद्र था, लेकिन बाद में इसमें अन्य लोगों ने भी बढ़-चढ़कर भाग लिया। इस आंदोलन के दौरान पुलिस गोलीबारी और लाठीचार्ज में तीन सौ से अधिक छात्र मारे गए। साल 1969 आते-आते तेलंगाना की माँग ने ज्वालामुखी का रूप ले लिया और पूरे तेलंगाना में आंदोलन छिड़ गया। एम. चेन्ना रेड्डी के नेतृत्व में 'तेलंगाना प्रजा समिति' ने अलग तेलंगाना राज्य की माँग उठाई। यह आंदोलन इतना हिंसक हो गया कि पुलिस फायरिंग में चार सौ लोग मारे गए। इनमें से अधिकतर छात्र और युवा थे। दूसरी ओर आंध्र में भी 'जय आंध्र' आंदोलन छिड़ गया। वहाँ भी कुछ लोग अलग आंध्र राज्य की माँग करने लगे। पूरे तेलंगाना में हिंसक आंदोलन छिड़ गया। हिंसा के बाद राज्य में राष्ट्रपति शासन लागू हो गया। इसी बीच 1971 में हुए लोकसभा चुनावों में 'तेलंगाना प्रजा समिति' को तेलंगाना की लगभग दो-तिहाई लोकसभा सीटें मिलीं। एम. चेन्ना रेड्डी ने प्रधानमंत्री इंदिरा गांधी के साथ वार्त्ता कर अपनी पार्टी का कांग्रेस में विलय कर दिया। इस तरह तेलंगाना की माँग एक बार फिर ठंडे बस्ते में चली गई। नेताओं से भी जनता का विश्वास उठ गया और इस बात से लोग इतने निराश हुए कि अगले 30 साल तक किसी ने अलग तेलंगाना राज्य का नाम नहीं लिया।

वर्ष 2000 में तेलंगाना राज्य के लिए मौजूदा आंदोलन की शुरुआत एक ऐसी घटना से हुई, जिसे उस समय किसी ने ज्यादा तवज्जो नहीं दी थी। सत्तारूढ़ तेलुगुदेशम पार्टी के अध्यक्ष और मुख्यमंत्री एन. चंद्रबाबू नायडू ने जब तेलंगाना के एक प्रमुख नेता के. चंद्रशेखर राव को मंत्री पद नहीं दिया, तो इसे तेलंगाना के साथ अन्याय बताकर वह पार्टी से अलग हो गए और उन्होंने तेलंगाना राज्य के लिए पहले एक गैर-राजनीतिक आंदोलन छेड़ा, बाद में उसे 'तेलंगाना राष्ट्र समिति' के नाम से राजनीतिक दल में बदल दिया। आहिस्ता-आहिस्ता तेलंगाना का मुद्दा आंध्र प्रदेश की राजनीति का केंद्रबिंदु बनता चला गया। कई वर्षों तक सुषुप्तावस्था में रहने के बाद चंद्रशेखर राव ने 2001 में एक बार फिर से तेलंगाना आंदोलन में नई जान फूँकते हुए पृथक्

तेलंगाना राज्य के गठन के लिए छात्रों को लेकर आंदोलन किया।

वर्ष 2004 में तत्कालीन मुख्यमंत्री वाई.एस. राजशेखर रेड्डी ने पृथक् तेलंगाना के गठन का वादा करके चंद्रशेखर राव से हाथ मिलाया, लेकिन बाद में वह इस दिशा में कोई ठोस कदम उठाने में नाकाम रहे, नतीजतन संप्रग सरकार को समर्थन दे रही टी.आर.एस. ने अपने को अलग कर लिया और राव सहित टी.आर.एस. के चार मंत्रियों ने केंद्रीय मंत्रिमंडल से इस्तीफा दे दिया। आंध्र प्रदेश में तेलंगाना राष्ट्र समिति के विधायकों ने भी कांग्रेस का साथ छोड़ दिया। टी.आर.एस. ने 2009 के लोकसभा चुनाव के बाद फिर संयुक्त प्रगतिशील गठबंधन सरकार का समर्थन कर तेलंगाना के गठन की उम्मीद पाली, लेकिन निराश होने पर राव ने तेलंगाना राज्य के गठन की माँग को लेकर आमरण अनशन शुरू कर दिया। अनशन के 11वें दिन उनकी हालत बिगड़ने लगी, जिससे घबराकर तत्कालीन गृहमंत्री पी. चिदंबरम ने तेलंगाना राज्य के गठन की घोषणा कर दी। लेकिन आंध्र और रायलसीमा में कांग्रेस सहित अन्य दलों के तीव्र विरोध के चलते सरकार अपनी घोषणा से मुकर गई और तेलंगाना आंदोलन ने एक बार फिर जोर पकड़ लिया। इसके बाद उस्मानिया और वारंगल विश्वविद्यालय के छात्रों समेत समूचा तेलंगाना हिंसक आंदोलन पर उतर आया। कुछ आंदोलनकारियों ने आत्मदाह तक कर लिया और कई अन्य आंदोलन की भेंट चढ़ गए।

मार्च 2010 में केंद्र ने इस माँग का जायजा लेने के लिए 'श्रीकृष्ण समिति' का गठन किया। इस समिति ने उसी साल दिसंबर में रिपोर्ट पेश की और अलग तेलंगाना राज्य का विरोध किया। समिति ने इस बात की आशंका व्यक्त की कि छोटे राज्यों में माओवादियों की गतिविधियाँ बढ़ सकती हैं। इस समस्या के समाधान के लिए तीन विकल्पों पर विचार किया गया, जिसमें निर्धारित समय के अंदर तेलंगाना राज्य की स्थापना और राज्य पुनर्गठन आयोग का गठन शामिल थे। लेकिन विवादों के चलते समिति की सिफारिशें ठंडे बस्ते में चली गईं, जबकि तेलंगाना के विरोधी इन सिफारिशों को लागू करने की माँग करते रहे। साल 2010 से 2012 के बीच तेलंगाना की माँग को लेकर सभी राजनीतिक दल टूट-फूट के शिकार हुए। कई विधायक तेलुगुदेशम और कांग्रेस छोड़कर टी.आर.एस.

में शामिल हो गए। तेलंगाना के पक्ष में केवल टी.आर.एस., सी.पी.आई. और भा.ज.पा. का रुख स्पष्ट था, जबकि कांग्रेस और तेलुगुदेशम ने एक अस्पष्ट नीति अपनाए रखी। सितंबर 2011 में तेलंगाना क्षेत्र के सरकारी कर्मचारियों ने 42 दिन की हड़ताल की। आखिरकार सरकार के आश्वासन के बाद 25 अक्तूबर को हड़ताल समाप्त हो गई, लेकिन आंदोलन जारी रहा। बहरहाल वर्ष 2014 में होनेवाले लोकसभा चुनावों के मद्देनजर तेलंगाना के गठन की उम्मीद बढ़ गई है।

(नेशनल दुनिया, 04.08.2013)

□

इस चीत्कार को सुननेवाला है कोई पाकिस्तान में

यह आतंकवाद के वहशीपन का सबसे घृणित चेहरा है, जिसने सौ से ज्यादा नौनिहालों की जिंदगी लील ली। इस खौफनाक घटना के आगे नृशंसता और अमानवीयता जैसे शब्द भी बेहद छोटे हैं। पेशावर के आर्मी स्कूल में हुए तालिबानी हमले में जिन अभागी माँओं की गोद सूनी हो गई, क्या पाकिस्तानी में उनका चीत्कार सुननेवाला कोई है ? काश, दो साल पहले तालिबान के खिलाफ 15 साल की एक किशोरी मलाला यूसुफजई की चीख पाकिस्तान की हुकूमत ने सुनी होती, तो शायद पढ़ाई-लिखाई में मशगूल इन बच्चों पर तालिबानी कहर नहीं टूटता। कहीं यह मलाला को दिए गए नोबेल पुरस्कार में अपनी हार देखकर तालिबान की बौखलाहट तो नहीं है। आतंकवादियों ने जिस बेरहमी से मासूम बच्चों पर गोलियाँ बरसाईं, इससे सारी दुनिया सदमे में है।

इसलिए यह वक्त बेबसी और मातम में डूबे लोगों को संबल देने का ही ज्यादा है। किसी तरह के विश्लेषण या आरोप-प्रत्यारोप का नहीं। फिर भी इस सच्चाई से आँखें नहीं चुराई जा सकतीं कि आखिर तालिबान या आतंकवादियों का हौसला इस कदर कैसे बढ़ता गया कि वे इनसानियत की नस्ल ही खत्म करने पर आमादा हो गए।

खैबर पख्तूनख्वाँ प्रांत में जहाँ क्रिकेटर से नेता बने इमरान खान की पार्टी तहरीके इंसाफ के नेतृत्ववाली सरकार है, इमरान खान बस गमजदा हैं। पर शायद ही उन्हें अफसोस हो कि तालिबान के प्रति अपने नरम रुख के चलते वह

उनके खिलाफ सख्त कार्रवाई के बजाय तालिबान के साथ बातचीत के हामी रहे हैं। उधर प्रधानमंत्री नवाज शरीफ हमेशा की तरह दहशतगर्दी के खिलाफ जंग जारी रखने का ऐलान दोहरा रहे हैं। शायद वे भूल रहे हैं कि पाकिस्तान में आतंकवाद को खाद-पानी देनेवाली पाकिस्तानी फौज और आई.एस.आई. के सामने वे बेहद बौने हैं, तो उनकी जंग का ऐलान ही बेमानी और खोखला है। क्या इमरान खान और नवाज शरीफ अब भी यह महसूस कर पाएँगे कि जब वे साँप पाल रहे हैं तो वो कभी-न-कभी खुद को भी डसेंगे।

भारत के खिलाफ जिस आतंकवाद को पाकिस्तान ने जन्म दिया, आज वह उसी का समूल नाश करने पर आमादा है। हाफिज सईद जैसे खूँखार आतंकवादी सरगना को पनाह देकर और भारत विरोधी षड्यंत्र रचने की जमीन मुहैया कराकर क्या वह ऐसे ही साँपों को दूध नहीं पिला रहा? क्या अब अमेरिका भी अपने हितों के हिसाब से 'अच्छा तालिबान, बुरा तालिबान' जैसी परिभाषाएँ गढ़ने से बाज आएगा? बेशक यह बेइंतहा शोक का वक्त है, लेकिन इससे ज्यादा पूरी दुनिया के लिए उस चुनौती से लड़ने का, एकजुट संकल्प व्यक्त करने का है, जो इनसानियत को ही खत्म करने पर आमादा है।

(नेशनल दुनिया, 17.12.2014)

□

सचमुच 'बड़ा दिन' बन गया 25 दिसंबर

मोदी सरकार ने अटल बिहारी वाजपेयी और महामना मदन मोहन मालवीय को देश का सर्वोच्च नागरिक सम्मान 'भारत रत्न' दिए जाने का निर्णय लेकर न केवल इस सम्मान की शोभा बढ़ाई है, बल्कि भारतीय राष्ट्रवाद को यह मोदी सरकार का श्रद्धापूर्ण नमन माना जाना चाहिए। भले ही 25 दिसंबर को बड़ा दिन कहे जाने पर विवाद रहे हों, लेकिन महामना व वाजपेयी के जन्मदिन 25 दिसंबर पर उन्हें भारत रत्न दिए जाने से सही अर्थों में यह बड़ा दिन बन गया है। स्वाधीनता आंदोलन के दौरान अंग्रेज अफसर ए.ओ. ह्यूम द्वारा 'सेफ्टी बॉल्ब' के रूप में स्थापित भारतीय राष्ट्रीय कांग्रेस को राष्ट्रवादी तेवर देकर आजादी की लड़ाई का सबसे सशक्त उपक्रम बनानेवाले लोकमान्य तिलक जैसे नेताओं की शृंखला में महामना प्रमुख थे।

इधर स्वातंत्र्योत्तर भारत की राजनीति को सत्ता के प्रलोभन से निकालकर राष्ट्रवाद की दिशा देने में प्रमुख भूमिका निभानेवाले नेताओं में वाजपेयी अग्रणी हैं। राष्ट्रपति ने इसकी सूचना देनेवाले अपने ट्वीट में मानो देश के उल्लास को ही व्यक्त किया है कि "मुझे भारत रत्न का ऐलान करने की बेहद खुशी है।" वास्तव में महामना और वाजपेयी दलगत राजनीति से परे भारतभूमि के दो अनमोल रत्न हैं, जिन्हें यह सम्मान बहुत पहले मिल जाना चाहिए था, लेकिन अब तक ऐसा करने में बाधा बने राजनीतिक दुराग्रहों की मीमांसा का यह समय नहीं है। यह उस प्रेरणा को आत्मसात् कर राष्ट्र-निर्माण में अपना जीवन लगा देने का संकल्प दृढ़ करने का अवसर है, जिसने महामना और वाजपेयी को भारत रत्न बना दिया।

मालवीयजी भारत की ऋषि-परंपरा के प्रतीक थे। वे महान् स्वतंत्रता सेनानी तो थे ही, भारत के हिंदू-धर्म व जीवन-दर्शन, हिंदू संस्कृति और गंगा जैसे पावन हिंदू प्रतीकों के प्रति असंदिग्ध निष्ठा रखनेवाले राष्ट्रभक्त नेता भी थे। उन्होंने खुद को सांप्रदायिक कहे जाने के डर से कभी अपने इन मनोभावों को छिपाया नहीं।

यह मालवीयजी की सर्वस्वीकार्यता ही थी कि वे एक साथ हिंदू महासभा और कांग्रेस में सर्वमान्य नेता बने रहे। महात्मा गांधी उन्हें बड़ा भाई मानते थे। एक पत्र में गांधीजी ने उन्हें लिखा कि ईश्वर ने उन्हें मदनमोहन बनाया है, लेकिन मैं (गांधी) तो मोहन का दास हूँ, यानी मोहन दास। काशी हिंदू विश्वविद्यालय महामना के जीवन का कीर्ति-कलश है। 1916 में उसकी स्थापना के समय विश्वविद्यालय के नाम में हिंदू शब्द को लेकर कुछ लोगों के द्वारा असहमति जताए जाने पर भी वे अडिग रहे, क्योंकि वे मैकाले द्वारा भारतीयों को काले अंग्रेज बनाए जाने की अंग्रेजी शिक्षा-पद्धति के विकल्प के रूप में एक भारतीय जीवन-मूल्यों से ओत-प्रोत राष्ट्र समर्पित व्यक्तित्वों को गढ़नेवाली शिक्षा पद्धति के केंद्र के रूप में इस विश्वविद्यालय को मूर्त रूप देना चाहते थे। हिंदू शब्द उस संकल्पना को अर्थवान बनाने के लिए उन्हें जरूरी लगा। इसलिए उन्होंने विरोध की परवाह किए बिना पूरे स्वाभिमान के साथ उसे अपनाया। यहाँ तक कि विश्वविद्यालय परिसर में राष्ट्रीय स्वयंसेवक संघ की शाखा लगाए जाने की भी अनुमति दी। कांग्रेस के कई बार अध्यक्ष रहे महामना की यह सोच आज के सेकुलर नेताओं के लिए सबक है कि हिंदू शब्द से चिढ़ या हिंदुत्व को मजबूत करनेवाली गतिविधियों को सांप्रदायिक कहना सेकुलरवाद नहीं है, यह सिर्फ वोट की राजनीति है।

काशी हिंदू विश्वविद्यालय की स्थापना और वहाँ टेक्नोलॉजी, विज्ञान, गणित, अंग्रेजी जैसे विषयों की उच्च शिक्षा दिए जाने की संरचना ने महामना को एक महान् शिक्षाविद् के रूप में प्रतिष्ठित किया। प्रसिद्ध वकील, जात-पाँत का भेद मिटाकर सामाजिक समरसता का निर्माण करने के हामी, हिंदी के प्रचार के लिए अहर्निश जुटे रहनेवाले महामना ने भारत सरकार के आज के ध्येय वाक्य 'सत्यमेव जयते' को प्रतिष्ठा दिलाने के लिए भी खूब प्रचार किया। मालवीयजी

ने हर की पौड़ी पर गंगा के प्रवाह में बाधा डालने के खिलाफ ब्रिटिश शासन को हिलाकर रख दिया और उसे बाध्य कर दिया कि वह कभी भी गंगा की अविरलता न रोके जाने के समझौते पर हस्ताक्षर करे।

ऐसे दृढ़ निश्चयी और हिंदुत्व के पुरोधा मालवीयजी को काशी हिंदू विश्वविद्यालय जैसा महान् संकल्प पूरा करने के लिए देश भर में भिक्षा और दान माँगने में भी कतई संकोच नहीं हुआ। उनको भारत रत्न दिए जाने से ज्यादा इस सम्मान की और क्या सार्थकता होगी।

अटल बिहारी वाजपेयी ने राष्ट्रीय स्वयंसेवक संघ के समाज सेवा व देशभक्ति के संस्कारों में पगकर डॉ. श्यामा प्रसाद मुखर्जी और पं. दीनदयाल उपाध्याय की प्रेरणा से राजनीति की जो राह पकड़ी, उस पर अडिग रहकर वह न केवल आगे बढ़ते गए, बल्कि सांसद से प्रधानमंत्री बनने तक के सफर में कई कीर्तिमान स्थापित करते हुए स्वर साम्राज्ञी लता मंगेशकर के शब्दों में 'सियासत के संत' बन गए। यशस्वी पत्रकार और ओजस्वी कवि के रूप में उनकी ख्याति ने वाजपेयी के राजनीतिक जीवन की आभा को और बढ़ाया। उनकी वक्तृत्व कला से लोकसभा में प्रभावित होकर तत्कालीन प्रधानमंत्री जवाहरलाल नेहरू ने तो भविष्यवाणी ही कर दी थी कि वह एक दिन देश के प्रधानमंत्री बनेंगे, जो सच साबित हुई।

पाँच दशक से ज्यादा के उनके संसदीय जीवन ने राजनीति में ऐसे कई मानक खड़े किए हैं, जो राजनीति को सत्ता के गलियारों से निकालकर राष्ट्र-निर्माण का सशक्त उपकरण बनाने की प्रेरणा देते हैं। उनके राजनीतिक और सामाजिक जीवन पर कबीर की पंक्तियाँ सटीक बैठती हैं 'ज्यों की त्यों धरि दीनी चदरिया' बेदाग, स्वच्छ और धवल। प्रधानमंत्री के उनके कार्यकाल में किए गए पोखरण परमाणु विस्फोट के बाद अमेरिका व अन्य कई यूरोपीय देशों द्वारा भारत पर लगाए गए प्रतिबंधों से वे कतई विचलित नहीं हुए। उन्होंने स्पष्ट संकेत दिया कि भारत के गौरव के साथ कोई समझौता नहीं।

विदेश मंत्री के रूप में संयुक्त राष्ट्र में हिंदी में भाषण देकर उन्होंने न केवल भारत का सम्मान बढ़ाया, बल्कि अपनी प्रतिबद्धताएँ भी स्पष्ट कर दीं, जो कालांतर में उनके प्रधानमंत्री बनने पर दिखीं। राजनीति में 'अजातशत्रु' के

रूप में उनकी स्वीकार्यता का ही नतीजा था कि 24 दलों के गठबंधन राजग का नेतृत्व कर उन्होंने एक सफलतम प्रधानमंत्री के रूप में सरकार तो चलाई ही, गठबंधन की राजनीति को नए आयाम दिए। पूरे देश को राष्ट्रीय राजमार्ग से जोड़ने की 'स्वर्णिम चतुर्भुज योजना' हो या पाकिस्तान से संबंध सुधारने की पहल में लाहौर तक बस ले जाने से लेकर नवाज शरीफ और मुशर्रफ के साथ सौहार्दपूर्ण वार्त्ता, उनके कार्यकाल ने भारत को एक सशक्त और स्वाभिमानी राष्ट्र के रूप में खड़ा करने के मील के कई पत्थर गाड़े। उन्हें भारत रत्न दिए जाने से न केवल संघ और भा.ज.पा. के करोड़ों कार्यकर्ता व नेता, बल्कि सभी देशवासी उल्लसित हैं।

(नेशनल दुनिया, 25.12.2014)

□

धर्मांतरण पर दोहरी मानसिकता घातक

पिछले सप्ताह आगरा में कुछ मुसलमानों को हिंदू बनाए जाने की घटना ने राजनीतिक तूफान तो खड़ा कर ही दिया है, देश में लंबे समय से चल रहे धर्मांतरण के षड्यंत्र की ओर भी ध्यान आकृष्ट किया। बताया जा रहा है कि आगरा में जिन मुसलमानों ने हिंदू धर्म स्वीकार किया है, उनके पुरखे कुछ पीढ़ी पहले हिंदू ही थे और यह धर्मांतरण नहीं, उनकी घर वापसी है। भारत का संविधान प्रलोभन से या बलपूर्वक किसी भी मतावलंबी के धर्मांतरण को अपराध मानता है, लेकिन जो लोग स्वेच्छा से धर्म-परिवर्तन करते हैं या स्वेच्छा से घर वापसी कर अपने मूल धर्म में वापस लौटना चाहते हैं, उन्हें इसकी छूट है। प्रख्यात आर्यसमाजी संत स्वामी श्रद्धानंद ने शुद्धीकरण अभियान चलाकर करीब एक शताब्दी पहले बड़ी संख्या में उन मुसलमानों को पुनः हिंदू बनने का अवसर दिया था, जिनके पुरखों को मुगलकाल में तलवार का भय दिखाकर जबरन धर्मांतरित किया गया। वास्तव में आज के घर वापसी आंदोलन की नींव वहीं से पड़ी। आज सेकुलर जमात आगरा में हुई घर वापसी पर राजनीतिक रोटियाँ सेंकने की कोशिश में संघ परिवार और मोदी सरकार को कठघरे में खड़ा कर रही है, क्योंकि कुछ मुसलमान अपने मूल हिंदू धर्म में वापस आ गए। लेकिन यह कैसी विडंबना है कि बड़ी संख्या में हिंदुओं को मुसलमान या ईसाई बनाए जाने की साजिशों पर वे मौन रहते हैं। आगरा में संवैधानिक प्रावधानों के विरुद्ध यदि कुछ हुआ है तो अवश्य उस पर कार्रवाई होनी चाहिए, लेकिन स्वेच्छा से मुसलमानों के हिंदू धर्म में वापस आने पर बावेला खड़ा करना बेमानी है।

इस घटना ने धर्मांतरण के मुद्‌दे पर व्यापक सोच-विचार का अवसर भी प्रदान किया है। शायद इसीलिए सरकार ने संसद् में हंगामे के दौरान स्पष्ट कर दिया कि विपक्ष सहयोग करे तो वह धर्मांतरण पर रोक के लिए केंद्रीय कानून बनाने को तैयार है। इससे इस मामले में सरकार की ईमानदारी और मंशा को समझा जा सकता है। लेकिन सवाल है कि क्या आगरा की घटना पर हंगामा खड़ा करनेवाले लोग धर्मांतरण पर रोक संबंधी किसी कानून के लिए तैयार होंगे? क्योंकि पहले जब भी ऐसे किसी केंद्रीय कानून की बात कही गई, इसे राज्यों का मामला बताकर विरोध जताया गया। शायद वे जानते हैं कि ऐसा सख्त कानून बनने के बाद न केवल उनकी वोट की राजनीति, बल्कि धर्मांतरण के लिए यूरोप व खाड़ी देशों से आ रही अरबों की धनराशि भी उनके हाथ से फिसल जाएगी।

सत्तर के दशक में तमिलनाडु के रामनाथपुरम् में हजारों की संख्या में हिंदुओं को मुसलमान बनाए जाने की घटना इसी षड्यंत्र का हिस्सा थी। पूर्वोत्तर राज्यों से लेकर कश्मीर, छत्तीसगढ़, मध्य प्रदेश, ओडिशा, झारखंड, आंध्र प्रदेश के आदिवासी क्षेत्रों तक में हिंदुओं के ईसाईकरण व इसलामीकरण का कारोबार बेतहाशा फल-फूल रहा है। इसमें आड़े आनेवालों को स्वामी लक्ष्मणानंद की तरह बेरहमी से कत्ल कर दिया जाता है। सेवा, शिक्षा और चिकित्सा के नाम पर आदिवासी क्षेत्रों में जिस तरह ईसाई मिशनरीज के धर्मांतरण के कारोबार की खबरें आती रही हैं और भोले-भाले आदिवासियों को कभी प्रलोभन देकर, कभी भ्रमित करके, कभी भय और लालच से जबरन ईसाई बनाया जाता है, देश की आजादी के बाद से ही ये घटनाएँ सामने आने लगी थीं। ब्रिटिश राज में ईसाई मिशनरियों की इस तरह की साजिशों पर शासन का परदा पड़ा रहता था, लेकिन देश स्वाधीन हुआ तो इस ओर ध्यान जाना स्वाभाविक था। मध्य प्रदेश सरकार द्वारा मिशनरियों की गतिविधियों की जाँच के लिए गठित 'नियोगी आयोग' की 1956 में आई रिपोर्ट ऐसे तथ्यों से भरी पड़ी है। यह रिपोर्ट सेवा की आड़ में गढ़े गए मिशनरियों के सहृदय और मानवता के पुजारी जैसे चेहरे की विद्रूपता उजागर कर देती है। आदिवासी क्षेत्रों में चल रहे ऐसे कुत्सित प्रयासों पर रोक के लिए सबसे पहले मध्य प्रदेश और ओडिशा की सरकारों ने धर्मांतरण विरोधी कानून बनाए। लेकिन राजनीतिक कारणों से उन पर अमल कितना कारगर हो

पाया, इसकी पड़ताल अवश्य होनी चाहिए। पूर्वोत्तर राज्यों में, विशेषकर नागालैंड व मिजोरम में जो अलगाववाद और राष्ट्र–विरोधी गतिविधियाँ पृथक् राष्ट्र की माँग तक पहुँच गईं और वहाँ ईसाईकरण की मुहिम में से पैदा हुए फिजो जैसे नेता को भारत सरकार देश निकाला तक देने पर मजबूर हुई, यह धर्मांतरण के षड्यंत्र का ही प्रतिफलन था। ब्रिटिश राज में इस इलाके के ईसाईकरण के लिए पादरियों की जिस 'फौज' को पाला–पोसा गया, उसी के भरोसे रॉबर्ट रीड और कूपलैंड जैसे ब्रिटिश अधिकारियों ने भारत के पूर्वोत्तर को 'क्राउन कॉलोनी' बनाने का ब्ल्यूप्रिंट तैयार किया। देश की आजादी के समय अंग्रेजी शासन की भरपूर कोशिश रही कि क्राउन कॉलोनी के रूप में वह हिस्सा भारत से अलग इंग्लैंड के आधिपत्य में अंग्रेजों की ऐशगाह बना रहे। इन राज्यों में पनपे उग्रवाद और अलगाववाद के पीछे वहाँ फले–फूले ईसाईकरण की पृष्ठभूमि को नकारा नहीं जा सकता। इस क्षेत्र की यह मानसिक गढ़न इस कदर घनीभूत होती गई कि प्रधानमंत्री रहते राजीव गांधी को मिजोरम विधानसभा चुनाव में कहना पड़ा कि यदि वहाँ कांग्रेस जीती तो बाइबिल की मान्यताओं को राज्य संचालन में प्रधानता दी जाएगी। इससे साफ है कि भारत में जहाँ–जहाँ धर्मांतरण के द्वारा हिंदुओं की जनसंख्या घटी या हिंदू अल्पमत में हो गए, वहाँ–वहाँ राष्ट्र–विरोधी व अलगाववादी गतिविधियों और षड्यंत्रों को बल मिला। पूर्वोत्तर राज्यों में उग्रवाद, कश्मीर में आतंकवाद और आदिवासी क्षेत्रों में माओवादी नक्सलवाद इसी के नतीजे हैं। एक समय मध्य प्रदेश की कांग्रेस सरकार पाँच मिशनरियों को ऐसी देशद्रोही गतिविधियों में शामिल होने पर राज्य से बाहर निकाल चुकी है।

आज कश्मीर समस्या भारत की अखंडता के लिए सबसे बड़ा खतरा बनी हुई है। छह सौ साल पहले यही कश्मीर हिंदू जनसंख्या बहुल था। तलवार के जोर पर राज्य में इसलामीकरण की मुहिम चलाई गई। इसके विरोध में नौवें सिख गुरु तेगबहादुर साहब को बलिदान देना पड़ा। दिल्ली का शीशगंज गुरुद्वारा धर्मरक्षा के लिए दिए गए उसी महान् बलिदान का प्रतीक है।

आजाद भारत में संविधान सबको अपने मत–पंथ के अनुपालन की स्वतंत्रता देता है, लेकिन सेकुलरवाद के नाम पर ईसाई और इसलामी ताकतों को हिंदुओं का धर्मांतरण करने को अनदेखा करना और लालच या भय के कारण हिंदू–धर्म

छोड़नेवाले लोग या उनकी संतति फिर से अपने मूल-धर्म में वापस आए तो बवाल मचाना, यह सिर्फ वोट की राजनीति है। आगरा की घटना के परिप्रेक्ष्य में देश में चल रहे ईसाईकरण व इसलामीकरण जैसे धर्मांतरण के षड्यंत्रों की पड़ताल होनी चाहिए। आज भी यह सवाल उतना ही प्रासंगिक है कि मध्य प्रदेश की कांग्रेस सरकार को आखिर नियोगी आयोग गठित करने की जरूरत क्यों पड़ी? लोकतंत्र और संविधान की दुहाई देकर धर्मांतरण पर दोहरा नजरिया देश के लिए घातक ही साबित होगा कि हिंदुओं को मुसलमान-ईसाई बनाए जाने पर आँखें मूँद लो और हिंदू धर्म में घर वापसी पर हंगामा करो। इसका समाधान कड़ा केंद्रीय कानून बनाकर उस पर ईमानदारी से अमल करने पर ही होगा।

(प्रभात खबर, 14.12.2014)

□

गलत नंबर का चश्मा उतारें आजम खाँ

राजनीति किस कदर दुराग्रहों और कुत्सित मानसिकता की शिकार हो गई है, इसका सबसे ताजा उदाहरण है, उत्तर प्रदेश सरकार में मंत्री आजम खाँ द्वारा प्रधानमंत्री नरेंद्र मोदी के संसदीय क्षेत्र वाराणसी में जयापुर गाँव को गोद लिये जाने पर की गई टिप्पणी। गाँव के लोगों के बीच प्रधानमंत्री द्वारा कन्या भ्रूण हत्या रोकने, बेटियों का जन्मदिन मनाने से लेकर स्कूली व्यवस्था पर नजर रखने और साफ-सफाई पर जो बातें कही गईं, वे ग्राम विकास की एक नई संकल्पना प्रस्तुत करती हैं। इससे गाँव के विकास में सिर्फ सरकार पर निर्भरता की बजाय स्वावलंबन और व्यक्तिगत जिम्मेदारी की भूमिका का रेखांकन होता है।

मोदी के यह कहने पर तो गाँववासी भाव-विभोर ही हो गए कि सांसद के रूप में उन्होंने गाँव को गोद नहीं लिया, बल्कि गाँव ने उन्हें गोद लिया है। प्रधानमंत्री का यह कहना भी गाँव के लोगों के लिए बेहद आश्वस्तिकारक था कि वह सिर्फ बोलेंगे नहीं, करके दिखाएँगे। जब पिछले 67 सालों से जनता नेताओं से सिर्फ धोखा खा रही हो, तब किसी प्रधानमंत्री का इस तरह उसके दिल को छू लेना आम आदमी की नजर में उसे बहुत बड़ा बना देता है। वह बड़े नेताओं की तरह बड़ी-बड़ी बातें नहीं बोल रहा, बल्कि छोटी-छोटी बातों से बड़े काम करने का भरोसा जन-मन में जगा रहा है। निराशा और अविश्वास में डूबे देश के लिए भविष्य को सँवारने का इससे सुगम और सटीक मार्ग और क्या हो सकता है?

इसके विपरीत आजम खाँ जन-भावनाओं को दरकिनार कर यह गणित लगाने में जुटे रहे कि प्रधानमंत्री ने जयापुर के रूप में ऐसे गाँव का चयन किया

है, जिसमें एक भी मुसलमान नहीं है। एक निर्वाचित सरकार में संवैधानिक दायित्व से बँधा व्यक्ति मुजफ्फरनगर से लेकर जयापुर तक अपने को मंत्री से ज्यादा बार-बार एक खास मजहब का पैरोकार दिखाने पर तुला रहे और कहे कि संविधान की नजर में सब समान हैं, फिर प्रधानमंत्री क्यों भेदभाव कर रहे हैं, इससे बड़ा राजनीतिक ढोंग और क्या हो सकता है? आजम खाँ के लिए सबसे ज्यादा शर्मिंदगी की बात तो यह होनी चाहिए कि उनकी सरकार के रहते पहले भी और अब भी, इस बात पर कतई ध्यान नहीं दिया गया कि जयापुर में एक प्राथमिक स्वास्थ्य केंद्र तक नहीं है। क्या आजम खाँ सिर्फ मुसलमानों के मंत्री हैं या पूरे प्रदेश की करीब 20 करोड़ जनता के? जयापुर को लेकर वह संविधान की दुहाई दे रहे हैं और खुद मंत्री होकर संविधान की भावना को लगातार तार-तार करते रहे हैं।

मुजफ्फरनगर के दंगों को लेकर उन पर खूब आरोप लगे कि उन्होंने खास समुदाय के दंगा आरोपियों के खिलाफ कार्रवाई न करने के पुलिस को निर्देश दे रखे थे। इसके विपरीत ईमानदारी से अपनी ड्यूटी निभानेवाले कई पुलिसकर्मियों को सजा के तौर पर तबादले की मार झेलनी पड़ी। वे इस पीड़ा को लेकर हाईकोर्ट तक पहुँचे। क्या तब आजम खाँ का जमीर जागा, जब उनकी सरकार ने दंगा-पीड़ितों के रूप में सिर्फ मुसलमानों को राहत देने का फैसला किया। इसके खिलाफ इलाहाबाद हाईकोर्ट में गुहार लगाए जाने पर सरकार को न केवल अदालत की फटकार लगी, बल्कि अधिसूचना बदलनी पड़ी। अदालत ने साफ कर दिया कि दंगा-पीड़ितों को हिंदू-मुसलमान में बाँटना गलत है, दोनों ही सामान्य रूप से राहत के पात्र हैं। जयापुर के विकास को भी आजम खाँ गलत नंबर के चश्मे से देख रहे हैं। अब वह विकास को हिंदू-मुसलमान में बाँटकर देख रहे हैं। आजम खाँ की दुराग्रही मानसिकता तो यहाँ तक है कि वह खुद को मुसलमानों का सबसे बड़ा रहनुमा साबित करने के लिए कल्बे जब्बाद और अहमद बुखारी जैसे मुसलिम नेताओं को राज्य सरकार की ओर से जरा सी भी हवा मिलने पर कोपभवन चले जाते हैं और मंत्रिमंडल की बैठकों में शामिल होने की संवैधानिक जिम्मेदारी तक से मुँह मोड़ने में जरा भी नहीं हिचकते। उनका अहंकार संविधान से भी बड़ा हो जाता है।

अपने संकीर्ण राजनीतिक स्वार्थों से आजम खाँ अपने नाम के बड़प्पन (आजम) को भी भूल जाते हैं। हो भी क्यों न, जिस आदमी के राजनीतिक गठन की शुरुआत ही भारतमाता को 'डायन' कहने से हुई हो, उसका मानसिक विस्तार कट्टरपन से ऊपर कैसे आ सकता है ? जौहर विश्वविद्यालय को जनता की भलाई का आवरण पहनाकर वह उसे मंजूरी दिलाने के लिए संवैधानिक मर्यादाओं को ताक पर रखकर राज्यपालों तक को कोसते रहे, यह किससे छिपा है। जबकि यह विश्वविद्यालय उनकी निजी जागीर से ज्यादा शायद ही कुछ हो। मजहबी दुराग्रहों से घिरे आजम खाँ ने उन्हीं मोहम्मद अली जौहर के नाम पर यह विश्वविद्यालय बनाया है, जो सार्वजनिक रूप से कहते थे कि वह किसी मुसलिम गुंडे को भी महात्मा गांधी से ज्यादा बेहतर मानते हैं। देश जिस महात्मा को राष्ट्रपिता का सम्मान देता है, आजम खाँ उसका अपमान करनेवाले मजहबी कट्टरवादी को सिर पर बिठाए घूम रहे हैं, यह है उनकी राजनीतिक गढ़न, जिसे वह संविधान की दुहाई देकर सेकुलरवाद के नाम पर सर्वस्वीकार्य बनाना चाहते हैं।

नरेंद्र मोदी की 'सबका साथ सबका विकास' संकल्पना और 'आदर्श ग्राम योजना' का समावेशी विकास के धरातल पर मूल्यांकन करने की बजाय हिंदू–मुसलमान या जाति–पंथ के तराजू में तौलना सरासर राजनीतिक दुराग्रह है। जिस यू.पी.ए. सरकार को आजम खाँ की समाजवादी पार्टी समर्थन देती रही, जब उसके प्रधानमंत्री ने सार्वजनिक रूप से कहा कि देश के संसाधनों पर पहला हक अल्पसंख्यकों का है, या जब उसी सरकार ने संविधान की भावना के विपरीत मुसलमानों को कोटे में कोटा बनाकर आरक्षण का फैसला किया, तब आजम खाँ का सेकुलरवाद क्यों नहीं जागा कि यह देश की बहुसंख्यक आबादी के खिलाफ सरासर नाइनसाफी है ?

शायद वोट के लिए मुसलमानों की पैरोकारी और हिंदुओं के प्रति बेपरवाही की इंतिहा ही सेसकुलरवाद का पैमाना है। लेकिन 16वीं लोकसभा के चुनावों ने इन सारे दुराग्रहों को ध्वस्त कर दिया है, जब देश की जनता ने जाति–मजहब की दीवारें तोड़कर विकास के नाम पर मोदी की अगुआई में भा.ज.पा. और उसके सहयोगी दलों को वोट दिया। यहाँ तक कि 30 साल बाद कोई एक दल भा.ज.पा. के रूप में पूर्ण बहुमत से सरकार बनाने की स्थिति में आया।

जनता की इस जागरूकता ने आजम खाँ जैसे मजहबी और कथित सेकुलर नेताओं व उनके दलों को हाशिए पर डाल दिया है। अच्छा हो कि वे अपने पुनर्जीवन के लिए जनता को भरमाने की बजाय अपनी गलतियों को समझें और जनता की खुशहाली व देश के हालात बदलने के अभियान में सहयोगी बनें। सेकुलरवाद के नाम पर देशहित को दाँव पर लगाना कतई उचित नहीं है।

(नेशनल दुनिया, 20.07.2015)

□

कितना बदला आर.एस.एस.

आमतौर पर समय के साथ बहुत कुछ बदलता है, परंतु कभी-कभी 87 सालों में भी बहुत कुछ नहीं बदलता, जैसे राष्ट्रीय स्वयंसेवक संघ और उसके विरोधियों के विचार। संघ पर गांधी हत्या के आरोप में 1948 और आपातकाल के दौरान 1975 में तथा अयोध्या में श्रीरामजन्मभूमि पर बाबरी मसजिद के विध्वंस के बाद 1992 में प्रतिबंध भी लगे। तीन बार ये प्रतिबंध केंद्र सरकार ने ही लगाए, लेकिन संघ के विरुद्ध कोई आरोप अदालत में साबित नहीं हो पाए। इसके बावजूद संघ अपने विचारों से रत्ती भर भी डिगने को तैयार नहीं था।

डॉ. केशव बलिराम हेडगेवार ने 1925 की विजयादशमी के दिन संघ की स्थापना के समय कहा था—"हमारा यह हिंदू राष्ट्र हमारी कर्मभूमि है। हम लोगों ने अपने राष्ट्रीय हित की रक्षा के लिए इस संघ की अपने देश में स्थापना की है। इसके द्वारा हम राष्ट्र की सर्वांगीण उन्नति करना चाहते हैं।" संघ 87 वर्षों से इसी उद्‌देश्य को पूरा करने में लगा है। इसके लिए संघ ने शाखा पद्धति को अपनाया। संघ के एक प्रचारक का मानना है कि 'इन शाखाओं के माध्यम से ऐसे लाखों स्वयंसेवक तैयार हो रहे हैं, जो हर प्रकार की राष्ट्रीय और सामाजिक आपदा में सबसे आगे रहकर जुटते हैं।'

अमूमन एक चर्चा यह भी रहती है कि पहले हर गली-मोहल्ले में शाखाएँ दिखती थीं, अब न उतनी संख्या में शाखाएँ दिखती हैं और न उनमें नौजवानों की भागीदारी। जबकि संघ के अखिल भारतीय प्रचार प्रमुख मनमोहन वैद्य कहते हैं, 'शाखाएँ लगातार बढ़ रही हैं। पिछले साल की तुलना

में इस साल 2000 शाखाएँ बढ़कर 43000 हो गई हैं। इसमें 70 प्रतिशत संख्या युवाओं की है।'

जामिया मिल्लिया के जाकिर हुसैन इंस्टीट्यूट ऑफ इस्लामिक स्टडीज के निदेशक प्रो. अख्तरुल वासे कहते हैं, ''आर.एस.एस. हिंदू धर्म और समाज दोनों को सेमेटिक परंपरा के ढाँचे में ढालने का प्रयास कर रहा है। भारतीय धर्म, संस्कार और संस्कृति की ताकत अनेकता में एकता के विचार में निहित है। संघ भूल जाता है कि भारत पर मुसलमानों के 800 वर्ष और ईसाइयों के 200 वर्षों के शासन में भी हिंदू अल्पसंख्यक नहीं बन पाए, तो उसके पीछे सनातनी परंपरा है, जो समन्वय की परंपरा है।'' इसलाम के जानकार प्रो. वासे का आरोप है, ''संघ शांति, अहिंसा और सलामती के एक धर्म को हिंसक बनाने का प्रयत्न कर रहा है। संघ लाठी के साथ ट्रेनिंग देता है, इसका क्या मतलब है? वे हाथ में लाठी देकर दिमाग में हिंसक प्रवृत्ति को परवान चढ़ाते हैं। वे लोगों के प्रति घृणा पैदा करने की कोशिश करते हैं।''

वासे के आरोपों को मनमोहन वैद्य खारिज करते हैं। वे कहते हैं, ''राष्ट्रीय स्वयंसेवक संघ का कार्य है व्यक्ति निर्माण और हिंदू समाज का संगठन करना। संघ के हिंदू संगठन के विचार को सांप्रदायिक कहना दुष्प्रचार है। दरअसल हिंदू शब्द संप्रदायवाचक है ही नहीं। डॉ. राधाकृष्णन की एक पुस्तक है : 'हिंदू ए वे ऑफ लाइफ', उसमें हिंदुत्व के विचार को एक जीवन-पद्धति के रूप में विस्तार से स्पष्ट किया गया है। इसी तरह रवींद्रनाथ ठाकुर का एक निबंध-संग्रह है 'स्वदेशी समाज', उसमें उन्होंने लिखा है, 'विविधता में एकता देखना और अनेकता में ऐक्य प्रस्थापित करना, यह भारत के अंतर में पड़ा धर्म है'। हिंदुत्व को इसी संदर्भ में देखा जाना चाहिए।''

संघ को लेकर इस तथ्य की भी अनदेखी नहीं की जा सकती कि देश की आजादी के तुरंत बाद कश्मीर में कबाइलियों की आड़ में पाकिस्तानी सेना के हमले के समय मुकाबले के लिए भारतीय सेना को उतारने के लिए श्रीनगर में रातोरात अस्थायी हवाई-पट्टी बनाने का काम हो या 1962 में भारत-चीन युद्ध के दौरान सीमा पर लड़ रहे जवानों के लिए रसद और अन्य मदद पहुँचाने का जोखिम अथवा '60 के दशक में बिहार में पड़ा भीषण अकाल, गुजरात के

मोरवी में आई विकराल बाढ़, भुज-लातूर में आए विनाशकारी भूकंप, हर जगह सेवा के लिए तत्पर संघ के स्वयंसेवक अग्रिम पंक्ति में रहे।

यह भी एक तथ्य है कि वर्धा में 1940 में लगे संघ शिविर में पहुँचे महात्मा गांधी ने जात-पाँत के भेद से ऊपर उठकर प्रेम-सूत्र में बँधकर साथ-साथ रहते-खाते और खेलते-कूदते स्वयंसेवकों को देखकर डॉ. हेडगेवार से कहा था कि हरिजनों को समाज में सम्मान दिलाने का मेरा कार्य संघ ने पूरा कर दिखाया। संघ के घोर विरोधी रहे देश के प्रथम प्रधानमंत्री जवाहरलाल नेहरू ने भारत-चीन युद्ध के दौरान स्वयंसेवकों की बहादुरी और देशभक्ति से प्रभावित होकर 1963 की 26 जनवरी की परेड में स्वयंसेवकों को शामिल होने का आग्रह किया और पूर्ण गणवेश (फुल ड्रेस) में संघ के बैंड के साथ 'भारत वीरों से भिड़ जाना कोई बच्चों जैसा खेल नहीं' गाते हुए कदम-से-कदम मिलाकर चलते स्वयंसेवकों ने संघ को एक नई पहचान दी।

इन तर्कों से तो अल्पसंख्यकों को रिझाना संभव नहीं लगता। शायद इसीलिए उर्दू 'नई दुनिया' के संपादक शाहिद सिद्दीकी संघ को संकीर्ण दृष्टिकोणवाला बताते हैं। उन्होंने कहा, ''मैं संघ को सांप्रदायिक नजरिए से नहीं देखता, बल्कि भारत की एकता के लिए बड़ा खतरा मानता हूँ। संघ भारत की 5000 साल पुरानी परंपरा, जिसने भारत को भारत बनाया, उसकी विरोधी सोच का है। राष्ट्रवाद तो पश्चिमी सोच है। उसी में से फासीवाद निकला, संघ ने ये दोनों आइडिया पश्चिम से लिये हैं। इसलाम की भी जो नकारात्मक सोच है एक मजहबवाली, संघ उसके भी रंग में रँग गया है। उसे भी एक मक्का की जरूरत है, जो उसने अयोध्या में तलाशने की कोशिश की और खूनखराबा कराया। अपनी नकारात्मकता के कारण मुसलिम लीग और जमायते इस्लामी जैसों को ही मजबूती दी और पाकिस्तान बनवा दिया। संघ इसलाम की आत्मा तक नहीं पहुँच पाया। इस तरह संघ से तो हिंदू धर्म और वैदिक संस्कृति के लिए ही खतरा है।''

संघ के अखिल भारतीय कार्यकारी मंडल के सदस्य और मुसलिम राष्ट्रीय मंच के मार्गदर्शक इंद्रेश कुमार का अलग मानना है। वे कहते हैं, ''संघ पर सांप्रदायिकता और सांप्रदायिक दंगों का आरोप लगानेवाले लोग षड्यंत्रकारी

हैं और एक सोची-समझी साजिश के तहत ऐसा दुष्प्रचार करते हैं। संघ को सांप्रदायिक कहना देश और देशभक्ति का अपमान है। ये लोग ऐसा करके देश को तोड़नेवाली ताकतों और आतंकवाद को प्रोत्साहन दे रहे हैं। यदि संघ गलत होता, तो नेहरू उसे 1963 की 26 जनवरी की परेड में शामिल होने न बुलाते।'' संघ की छवि भले ही एक पुरातनपंथी संगठन की रही हो, लेकिन संघ ने हमेशा समयानुकूल बदलावों का स्वागत किया है, यहाँ तक कि संघ ने अपनी प्रार्थना और प्रतिज्ञा में भी बदलाव किए। शुरू में संघ की प्रार्थना में हनुमानजी की वंदना थी ''हे प्रभु श्रीरामदूत शील हमको दीजिए, शीघ्र सारे सद्गुणों से पूर्ण हिंदू कीजिए।''

संघ का काम 1939 आते-आते नागपुर से निकलकर कई प्रांतों में फैल गया, तब कार्य की नई रूपरेखा बनाने के लिए नागपुर के निकट शिंदी में एक मैराथन बैठक हुई। इसमें अन्य बातों के साथ-साथ प्रार्थना पर भी चर्चा हुई और वर्तमान प्रार्थना 'नमस्ते सदा वत्सले मातृभूमे···' को भिड़े शास्त्री ने श्लोकबद्ध किया। इसी तरह संघ की प्रतिज्ञा में पहले 'हिंदू राष्ट्र को स्वतंत्र कराने के लिए मैं राष्ट्रीय स्वयंसेवक संघ का घटक बना हूँ' को बदलकर देश की आजादी के बाद ''हिंदू राष्ट्र की सर्वांगीण उन्नति के लिए'' किया गया। इस तरह संघ के भौतिक रूप में लगातार बदलाव होते रहे। शुरू में बिल्कुल मिलिट्री जैसी ड्रेस स्वयंसेवकों को शाखा और अन्य कार्यक्रमों में गणवेश के रूप में पहननी पड़ती थी, जिसमें खाकी नेकर, खाकी शर्ट, बेल्ट, लाँग बूट, पोंगली-पट्टी शामिल थे, लेकिन बदलते दौर में स्वयंसेवकों की सुविधा के लिए वेष सामान्य होता चला गया। अब तो खाकी की जगह सफेद शर्ट और साधारण काले जूते, यहाँ तक कि पिछले साल चमड़े की ब्राउन बेल्ट बदलकर निबाड़ की बेल्ट प्रयोग होने लगी।

पहले शाखा में ड्रिल की सभी आज्ञाएँ 'अटेंशन' जैसी अंग्रेजी शब्दोंवाली होती थीं, लेकिन 1939 की बैठक में चर्चा के बाद शुरू किए गए बदलावों के क्रम में 1940 में पुणे में लगे संघ शिविर में पहली बार सभी आज्ञाएँ संस्कृतनिष्ठ शब्दों 'दक्ष, आरम्, एकशः संपत्'··· आदि का प्रयोग शुरू हुआ। धीरे-धीरे शाखा में होनेवाले कार्यक्रमों (फिजीकल ट्रेनिंग) में बदलाव आते गए और 1974 में खड्ग (तलवार), शूल (भाला) , छुरिका (छुरी) चलाने का प्रशिक्षण नई पीढ़ी

के लिए अव्यावहारिक मानकर उनके स्थान पर नि:युद्ध (जूड़े-कराटे), योगासन और अष्टांग योग जैसे विषय जोड़े गए। पहले संघ कार्य के तीन विभाग होते थे—शारीरिक, बौद्धिक और व्यवस्था (मैनेजमेंट), लेकिन 1990 से सेवा विभाग शुरू हुआ, जिसके अंतर्गत आज पिछड़ी, अनुसूचित और गरीब बस्तियों में संघ करीब पौने दो लाख सेवाकार्य संचालित कर रहा है, जिनमें अस्पताल, स्कूल, संस्कार केंद्र और रोजगार प्रशिक्षण केंद्र शामिल हैं।

विश्व के सबसे बड़े सामाजिक-सांस्कृतिक संगठन संघ ने सूचना क्रांति के दौर के नौजवानों को जोड़ने के लिए अपनी परंपरागत शाखा-पद्धति में भी बदलाव किए और आई.टी. साप्ताहिक मिलन जैसी व्यवस्था शुरू की, जो बेंगलुरु जैसे आई.टी. हब वाले शहरों में सक्रिय है। ऐसी ऑनलाइन शाखाओं की संख्या करीब 400 है। इस तरह संघ नई टेक्नोलॉजी को भी अपना रहा है। इससे हाफ पैंट पहने पार्कों में शाखा जाने से मुक्ति मिली।

सामाजिक और राष्ट्रीय आवश्यकताओं के अनुरूप संघ ने हिंदू संगठन के अलावा वनवासियों, विद्यार्थियों, शिक्षा, मजदूरों, राजनीति, राष्ट्रीय सुरक्षा, परिवार प्रबोधन, विज्ञान, चिकित्सा, खेल और ग्रामीण विकास आदि क्षेत्रों में कार्य का विस्तार करने के लिए 42 संगठन बनाए, जो स्वतंत्र संगठन के रूप में इस विचार परिवार में कार्य कर रहे हैं। संघ के अखिल भारतीय प्रचार प्रमुख मनमोहन वैद्य के अनुसार संघ के शाखा तंत्र का निरंतर विस्तार हो रहा है।

(नेशनल दुनिया, 20.06.2013)

□

भावुक विदाई और चुभते सवाल

पंद्रहवीं लोकसभा के अंतिम सत्र के आखिरी दिन विदाई के पल जितने भावुक रहे, उससे कहीं ज्यादा हंगामेदार और संसदीय मर्यादाओं को तार-तार कर देनेवाला माना जाएगा इसका कार्यकाल। यह ठीक है कि इस लोकसभा में लोकपाल, महिला सुरक्षा, तेलंगाना, भूमि अधिग्रहण, खाद्य सुरक्षा और शिक्षा के अधिकार से संबंधित कई महत्त्वपूर्ण और ऐतिहासिक विधेयक पारित किए गए, लेकिन विधायी कार्य निपटाने के मामले में इसका कामकाज पहली लोकसभा के मुकाबले लगभग आधा ही रहा। पर क्या 66 साल पार कर चुके अपने लोकतंत्र की यही नियति है कि दुनिया का सबसे बड़ा लोकतंत्र कहे जाने के बाजवूद वह आगे बढ़ने की बजाय पीछे खिसकता दिखे। संसद् जनाकांक्षाओं को पूरा करने की महापंचायत होने के बजाय राजनीतिक महत्त्वाकांक्षाओं और वोट की राजनीति का अखाड़ा बनती दिख रही है, जहाँ जन-प्रतिनिधियों को न लोकतांत्रिक मूल्यों की परवाह है, न जनविश्वास की और न संसद् की लाज की।

आखिरी सत्र में जो हुआ, उसकी पीड़ा प्रधानमंत्री के उन शब्दों में झलकती है, जब उन्हें कहना पड़ा कि सांसदों का व्यवहार देखकर उनका दिल रो पड़ा है। लोकसभाध्यक्ष मीरा कुमार को तो इस सबको शर्मनाक तक कहना पड़ा। इससे इनकार नहीं किया जा सकता कि इन स्थितियों के निर्माण में पक्ष-विपक्ष दोनों के आग्रह-दुराग्रह भागीदार हैं। लेकिन सरकार की हठधर्मिता 15वीं लोकसभा के कामकाज में सबसे बड़ी बाधा बनकर उभरी। चाहे 2जी स्पेक्ट्रस मामले में जे.पी.सी. गठन की माँग को लेकर पूरा एक सत्र ही हंगामे की भेंट चढ़ने की बात हो या कोयला घोटाले में प्रधानमंत्री के इस्तीफे की माँग को लेकर संसद्

की कार्रवाई में पैदा हुआ गतिरोध, सरकार के आचरण और पारदर्शिता में कमी साफ दिखाई दी।

सरकार यह कहकर पल्ला नहीं झाड़ सकती कि विपक्ष उसे काम नहीं करने दे रहा। उसे राजनीतिक दुराग्रहों और पूर्वग्रहों से परे विपक्ष की राय को समझने और मानने का बड़प्पन भी दिखाना चाहिए? तेलंगाना के मुद्दे पर सरकार जिस तरह सभी पक्षों को विश्वास में लिये बिना जल्दबाजी में दिखी, उसी का नतीजा थे लोकसभाध्यक्ष और प्रधानमंत्री तक को मर्माहत कर देनेवाले हंगामेदार और शर्मनाक हालात। विधायी कामकाज को लेकर यदि विपक्ष और सत्ता पक्ष की गंभीरता का आकलन किया जाए तो नेता प्रतिपक्ष सुषमा स्वराज और यू.पी.ए. अध्यक्ष व परोक्ष रूप से सरकार का संचालन करनेवाली शक्ति सोनिया गांधी और राहुल गांधी की भूमिका पर नजर डालना जरूरी है। जहाँ सुषमा स्वराज की लोकसभा में उपस्थिति 94 प्रतिशत रही, वहीं सोनिया और राहुल की केवल 47 और 42 फीसदी। सुषमा ने जहाँ सदन की 108 बहसों में हिस्सा लिया, वहीं सोनिया-राहुल का आँकड़ा सिर्फ 2-2 पर सिमटा रहा।

सुषमा स्वराज ने महत्त्वपूर्ण विषयों से जुड़े 43 प्रश्न पूछे तो सोनिया-राहुल के खाते में सिर्फ शून्य दर्ज है। लोकतंत्र की आखिरी उम्मीद जनता है, 16वीं लोकसभा के लिए होनेवाले चुनाव में जनता ही फैसला करेगी कि किसकी भूमिका को ठीक मानती है और किसकी गलत।

(नेशनल दुनिया, 23.02.2014)

□

कोयल के पीछे कौआ संस्कृति

शायद कांग्रेस चाहती है कि मोदी के खिलाफ पूरा देश उसकी भाषा बोले। इसलिए वह मोदी के समर्थन में उठे किसी स्वर को आसानी से नहीं पचा पा रही। स्वर सम्राज्ञी लता मंगेशकर यदि इच्छा जाहिर करती हैं कि नरेंद्र मोदी प्रधानमंत्री बनें तो कांग्रेस को बेहद नागवार गुजरता है। यहाँ तक कि उसके प्रवक्ता लता मंगेशकर पर हमलावर हो जाते हैं। कांग्रेस प्रवक्ता मीम अफजल कहते हैं कि मोदी जैसे असंवेदनशील व्यक्ति के लिए लता की जुबान से ऐसी बात सुनकर देश को तकलीफ होती है। यानी कांग्रेस देश हो गई और वह मानती है कि उसके राजनीतिक हितों को चुभनेवाली बात देश के लिए भी तकलीफदेह है। यानी 'इंदिरा इज इंडिया एंड इंडिया इज इंदिरा' कहनेवाले देवकांत बरुआ व्यक्ति नहीं कांग्रेस संस्कृति के प्रतीक पुरुष थे। जबकि उसके नेतृत्ववाली संप्रग सरकार देशवासियों की आकांक्षाओं का कितना आदर कर रही है, यह किसी से छिपा नहीं है। चाहे राष्ट्रीय सुरक्षा का मसला हो या आंतरिक शांति बनाए रखने का, देश की सीमाओं पर कभी चीनी दस्तक देते हैं तो कभी पाकिस्तानी। प्रधानमंत्री के रूप में सरकार का नेतृत्व इतना लचर है कि न सरकारी खजाने की हिफाजत हो पा रही है और न आम आदमी की जेब की। मानो भ्रष्टाचार और महँगाई देश की अर्थव्यवस्था तथा जनता की खुशहाली के दुश्मन हैं और सरकार की जनविरोधी नीतियों से उन्हें संजीवनी मिल रही है।

सरकार की विफलता और नेतृत्व की कमजोरी से आजिज जनता जब नरेंद्र मोदी में भविष्य की संभावनाएँ देख रही है और मोदी की लोकप्रियता देश को एक मजबूत नेतृत्व की आश्वस्ति दे रही है तो कांग्रेस बेचैन है। कांग्रेस अपनी

भड़ास लता मंगेशकर पर निकाल रही है। शायद कांग्रेस की परेशानी यह हो कि लता को उसने सांसद के रूप में मनोनीत किया और वह गुण मोदी के गा रही हैं। लता ही क्यों, न्यायमूर्ति कृष्णा अय्यर भी मोदी की तारीफ कर चुके हैं और के.पी.एस. गिल जैसा सुपर कॉप गुजरात दंगों में मोदी की भूमिका को नकार रहा है। यानी सत्य, वह नहीं है जिसे कांग्रेस और उससे शह पा रही तथाकथित मानवाधिकारवादी और सेकुलर जमात मोदी के खिलाफ दुष्प्रचारित कर रही है। मोदी के आलोचकों के लिए इस बात का भी कोई अर्थ नहीं है कि गुजरात दंगों के लिए अभी तक किसी अदालत ने उन्हें दोषी नहीं ठहराया है, उलटे सुप्रीम कोर्ट के आदेश पर गठित विशेष जाँच दल मोदी को क्लीन चिट दे चुका है। सरदार वल्लभभाई पटेल की विशाल मूर्ति स्थापित करने के मोदी के अभियान की भी आलोचना की जा रही है। कहा जा रहा है कि पहले मोदी अपने कट्टर हिंदुत्ववादी और सांप्रदायिक छवि यानी रा.स्व. संघ की विचारधारा त्यागकर पटेल के रास्ते पर तो चलें, आलोचकों की नजर में पटेल तो आर.एस.एस. के विरोधी थे, उन्होंने गांधी हत्या के आरोप में संघ पर प्रतिबंध लगाया था।

आलोचक इस तथ्य को भी साजिशन नकारने के प्रयास में दिखते हैं कि संघ पर प्रतिबंध तत्कालीन प्रधानमंत्री जवाहर लाल नेहरू के संघ के प्रति दुराग्रह और जिद के कारण लगाया गया, जबकि संघ के खिलाफ कोई आरोप प्रमाणित नहीं हो सका। 30 जनवरी, 1948 को गांधी हत्या के बाद नेहरू ने कैबिनेट में जब इसका दोष संघ पर मढ़ते हुए प्रतिबंध लगाने की बात कही तो गृहमंत्री सरदार पटेल और कानून मंत्री डॉ. अंबेडकर ने इस पर असहमति जताई। नेहरू ने 26 फरवरी, 1948 को गांधी हत्या की जाँच के संदर्भ में पटेल को पत्र लिखा, जिसमें हत्या को व्यापक षड्यंत्र बताते हुए इसमें संघ की भूमिका पर जोर दिया गया। लेकिन सरदार पटेल ने 27 फरवरी के पत्र में न केवल संघ को क्लीन चिट दी, बल्कि यह स्पष्ट किया कि वह स्वयं पग-पग पर जाँच की निगरानी कर रहे हैं और वे इस बात से संतुष्ट हैं कि संघ हत्याकांड में कहीं नजर नहीं आता। इससे पहले कांग्रेस की संघ विरोधी मानसिकता को उजागर करते हुए पटेल ने 6 जनवरी, 1948 को लखनऊ में कहा था कि कुछ कांग्रेसी नेता संघ को डंडे से कुचल देना चाहते हैं। कई ऐसे अवसर आए, जब पटेल ने संघ की

देशभक्ति और समाजसेवा की प्रशंसा की, बिना इस बात की परवाह किए कि नेहरू इसे नापसंद करते हैं।

देश के गृहमंत्री के रूप में सरदार पटेल का संघ पर यह विश्वास ही था कि उन्होंने संघ के तत्कालीन सरसंघचालक माधव सदाशिव गोलवलकर को आग्रह करके कश्मीर के महाराजा हरि सिंह के पास भेजा, विलय के लिए राजी करने को। पटेल जानते थे कि महाराज हरि सिंह गोलवलकर का मान रखते हुए विलय के लिए सहज रूप से तैयार हो जाएँगे। अपने प्रति नेहरू की नफरत और शेख अब्दुल्ला के प्रति आसक्ति से आहत जो महाराजा कतई इसके लिए तैयार नहीं थे, वे मान गए और जम्मू-कश्मीर रियासत का भारत में पूर्ण विलय हो गया। यह विडंबना ही है कि बाद में नेहरू ने पटेल से पूरे मामले को अपने हाथों में ले लिया और शेख से उनकी दोस्ती के चलते भारत के इस स्वर्ग की फिजाँ में इतना जहर घुल गया कि आज भी वहाँ अलगाववाद और आतंकवाद की आग सुलग रही है। भारत में विलय के विरुद्ध जूनागढ़ और हैदराबाद की रियासतों के विद्रोह को कुचलकर पटेल ही उनको भारत का अभिन्न अंग बनाकर रख सके।

नेहरू की चलती तो शायद ये भी भारत का हिस्सा न रह पातीं। सोमनाथ मंदिर के पुनरुद्धार के पटेल के संकल्प का भी नेहरू ने पुरजोर विरोध किया। नेहरू ने इसे हिंदू नवजागरणवाद कहकर के.एम. मुंशी को भी इसमें सहभागी बनने से रोका। यहाँ तक कि नेहरू के विरोध के बावजूद राष्ट्रपति डॉ. राजेंद्र प्रसाद ने इसका लोकार्पण किया। डॉ. मुंशी ने अपनी पुस्तक 'पिलग्रिमेज टू फ्रीडम' में ऐसी बहुत सी बातों का उल्लेख किया है, जिनसे नेहरू की हिंदू विरोधी मानसिकता और पटेल का हिंदुत्व को समाहित कर भारत की पंथनिरपेक्ष परंपरा के पोषण का संकल्प व्यक्त होता है। जो लोग मोदी को पटेल का अनुकरण करने की सलाह दे रहे हैं, पहले वे पटेल को जानें। इसीलिए मोदी ने प्रधानमंत्री की मौजूदगी में कहा कि देश को सरदार पटेल की धर्मनिरपेक्षता चाहिए, वोट बैंकवाला सेकुलरिज्म नहीं। कांग्रेस तो इसी वोट-बैंक सेकुलरिज्म की राजनीति करती है, पटेल को उसने दीवार पर टाँग दिया है। जब मोदी पटेल की देशभक्ति, उनकी प्रशासनिक क्षमता और देश की एकता के लिए उनके योगदान को जीवंत बनाने के लिए 'स्टैच्यू ऑफ यूनिटी' की बात कर रहे हैं तो

कांग्रेस को चिंता है कि मोदी सरदार पटेल को 'हाईजेक' न कर ले। इसीलिए प्रधानमंत्री कहते हैं कि देश की धर्मनिरपेक्षता के लिए मोदी सबसे बड़ा खतरा है, उनका एकजुट होकर विरोध करना चाहिए। नीतीश से लेकर मुलायम सिंह और प्रकाश करात तक उनके सुर में सुर मिला रहे हैं, लेकिन इन्हीं की जमात के उमर अब्दुल्ला और शिवानंद तिवारी देश के जनमानस पर मोदी का असर देख रहे हैं।

(नेशनल दुनिया, 06.11.2013)

□

मुसलिम वोटों के लिए सेकुलरी होड़

दिल्ली में आम आदमी पार्टी की जीत को भारतीय राजनीति में एक नई उम्मीद के साथ देखा जा रहा है। वहीं मा.क.पा. नेता प्रकाश करात को आप की एक ही विशेषता सम्मोहित कर रही है कि आप एक धर्मनिरपेक्ष पार्टी है, जिसने दिल्ली में कांग्रेस और भा.ज.पा. के खिलाफ मोरचा सँभाला है। यानी आज की राजनीति के सही होने की पहचान विकास, सुशासन, जनता की खुशहाली और देश की आंतरिक व बाह्य सुरक्षा की बजाय धर्मनिरपेक्षता मानी जाती है। इस तथाकथित धर्मनिरपेक्षता की पक्षधरता को तर्कसंगत ठहराने के लिए सांप्रदायिकता के विरोध की बात कही जाती है। आप के इस हैरतअंगेज उदय में जनाकांक्षाओं का अक्स देखे जाने की बजाय धर्मनिरपेक्षता को उसकी विशेषता मानना क्या उचित है? सत्ता स्वार्थों के लिए धर्मनिरपेक्षता का ढोंग किस कदर हमारे लोकतंत्र के सरोकारों को हाशिए पर ले जा रहा है और मजहबी आधार पर विद्वेष को बढ़ाकर समाज को विभाजित कर रहा है, इस खतरे को समझने की जरूरत है। यह विडंबना ही कही जाएगी कि जिस मजहबी उन्माद ने देश का विभाजन कराया और लाखों निर्दोष नागरिकों का कत्ल हुआ, करोड़ों लोग विस्थापित होने को मजबूर हो गए, उसे आजादी के 66 साल बाद भी वोट की राजनीति का हथियार बनाकर सेकुलरिज्म के रूप में ढालने की कोशिश की जा रही है। राजनीति को बड़ी चालाकी से दो खेमों में बाँटने की साजिश आकार ले रही है तथाकथित धर्मनिरपेक्षता, जिसके पैरोकार अपने आपको सेकुलर कहते हैं और सांप्रदायिकता जिसका प्रतीक भारतीय जनता पार्टी और उसकी मातृ संस्था राष्ट्रीय स्वयंसेवक संघ को बताया जाता है। नरेंद्र मोदी से भले ही

आम मुसलमान को कोई शिकायत न हो, लेकिन तीस्ता सीतलवाड़ से लेकर मुलायम सिंह और सोनिया गांधी तक देश के मुसलिम-मानस को मोदी को लेकर शंकालु बनाने में कोई कसर नहीं छोड़ना चाहते। मोदी के प्रति नकारात्मक प्रचार ही मानो उनका राजनीतिक एजेंडा है। पिछले दिनों प्रधानमंत्री मनमोहन सिंह ने मोदी को धर्मनिरपेक्षता के लिए सबसे बड़ा खतरा बताया और इस खतरे से निपटने के लिए धर्मनिरपेक्ष ताकतों की एकजुटता का आह्वान किया। यह वही प्रधानमंत्री हैं, जिन्होंने कभी देश के संसाधनों पर पहला हक अल्पसंख्यकों का बताने में कोई संकोच नहीं किया। केंद्रीय गृहमंत्री ने तो एक कदम और आगे बढ़कर मुख्यमंत्रियों को फरमान जारी कर दिया कि आतंकवाद के नाम पर मुसलिम युवकों को बेवजह न फँसाया जाए। यानी मुसलमान नौजवानों को छोड़कर दूसरे मजहबों, विशेषकर हिंदू युवकों या संतों को आतंकवाद के नाम पर बेवजह फँसाया जाए, तो सरकार को कोई आपत्ति नहीं, गृहमंत्री के फरमान से यही आशय प्रकट होता है। संविधान भारत के सभी नागरिकों को एक नजर से देखता है, लेकिन सरकार या सेकुलर राजनीति नागरिकों को हिंदू-मुसलमान में बाँट रही है। इसके पीछे सत्ता- स्वार्थ और वोट की राजनीति साफ नजर आती है। यह न केवल संविधान का, बल्कि लोकतंत्र का भी तिरस्कार है।

सरकार आतंकवाद जैसे गंभीर खतरे को भी मजहबी नजर से देखकर इसे खत्म करने की रणनीति बनाने की बजाय उससे आँखें मूँद रही है। हिंदू और भगवा आतंकवाद जैसे जुमले गढ़कर भ्रम फैला रही है। इसकी आड़ में आतंकवादी तत्त्वों को पनपने का मौका मिल रहा है। इसी के चलते भारत में आतंकवाद का जहर फैलाने में लगे पाकिस्तान को भी बचने का रास्ता मिल जाता है। समझौता एक्सप्रेस धमाकों के मामले में यही हुआ। भारतीय खुफिया एजेंसियों ने इसके लिए पाकिस्तानी आतंकवादियों का हाथ होने के सबूत दिए। लेकिन भगवा आतंकवाद के नाम पर स्वामी असीमानंद की गिरफ्तारी के बाद पाकिस्तान का रुख ही बदल गया और उसने अंतरराष्ट्रीय मंचों पर कहना शुरू कर दिया कि भारत उस पर झूठे आरोप लगा रहा है, जबकि उसके अपने ही लोग आतंकवाद में शामिल हैं। हमने अपनी ही खुफिया एजेंसियों को झूठा ठहरा दिया। स्वामी असीमानंद की राष्ट्रपति के नाम चिट्ठी भी चौंकानेवाली है

कि किस तरह साजिशन उन्हें गिरफ्तार किया गया और प्रताड़ित कर उनसे जुर्म कबूलवाने की कोशिश हुई। यह कैसी धर्मनिरपेक्षता है, जो अल्पसंख्यकों किंवा मुसलमानों की हिमायत करे और बहुसंख्यक हिंदुओं को प्रताड़ित?

उत्तर प्रदेश में मुलायम सिंह की समाजवादी पार्टी की सरकार के चलते राज्य में मजहबी उन्माद बढ़ने की शिकायतें आम हैं। मुजफ्फरनगर के दंगों ने तो सरकार की खूब किरकिरी कराई है। दंगों के दौरान सरकार और प्रशासन खुलकर संप्रदाय विशेष के साथ खड़े दिखे। यहाँ तक कि सरकार के एक वरिष्ठ मंत्री को तो एक स्टिंग ऑपरेशन में पुलिस को उसी समुदाय के युवकों के खिलाफ कार्रवाई न करने के निर्देश देते हुए देखा गया। दंगाग्रस्त इलाकों में शांति प्रयासों के लिए सरकार द्वारा गठित मंत्रिस्तरीय समिति ने भी माना कि प्रशासन की पक्षपातपूर्ण कार्रवाई ने हालात और बिगाड़े। दूसरे समुदाय को प्रशासन और पुलिस की ओर से उपेक्षा और प्रताड़ना झेलनी पड़ी। इतना ही नहीं, सरकार ने दंगा-पीड़ितों के रूप में सिर्फ मुसलमानों को चिह्नित किया और उन्हीं को सरकारी सहायता देने के आदेश हुए। इस पर अदालत ने सरकार को फटकारा कि दंगा-पीड़ितों को हिंदू-मुसलमान में कैसे बाँटा जा सकता है? राहत राशि सबको मिलनी चाहिए। यह है स.पा. सरकार की धर्मनिरपेक्षता, जो दंगों के एक आरोपी मौलवी को शांति प्रयासों पर चर्चा के लिए सरकारी विमान से लखनऊ बुलाती है, जबकि भा.ज.पा. के विधायकों पर रासुका लगा दिया जाता है। प्रदेश सरकार अदालतों में सीरियल विस्फोटों के आरोपी 19 मुसलिम युवकों को बेकसूर मानकर उनके मुकदमे वापस लेने की कार्रवाई आगे बढ़ाती है, लेकिन हाईकोर्ट ने यहाँ भी सरकार की मंशा पर पानी फेर दिया।

मुलायम सिंह सरकार को निर्देश देते हैं कि प्रदेश के हर थाने में मुसलिम दरोगा तैनात किए जाएँ। इस पर तुर्रा यह कि मुलायम सिंह हुँकार भरते हैं कि सांप्रदायिक शक्तियों को कुचल देंगे और प्रदेश में सांप्रदायिक सौहार्द बिगड़ने नहीं दिया जाएगा। वह भा.ज.पा. पर सांप्रदायिक दंगे भड़काने का आरोप लगाते हैं। वह शायद मुसलमानों को खुश करने के लिए ही यहाँ तक कह जाते हैं कि कारसेवकों पर गोलियाँ मैंने ही चलवाई थीं। यानी उनकी सांप्रदायिकता भी धर्मनिरपेक्षता है, जो बहुसंख्यक समुदाय में भय पैदा कर सांप्रदायिक उन्माद

भड़काने की कोशिशों की अनदेखी करे। जब मोदी कहते हैं कि देश में वोट-बैंकवाली सेकुलरिज्म नहीं चाहिए, तो सारी तथाकथित सेकुलर जमात उन पर हमलावर हो जाती है। लेकिन चाहे कांग्रेस हो या समाजवादी पार्टी, उन्हें धर्मनिरपेक्षता के नाम पर मुसलिम वोट हड़पने की होड़ से कतई परहेज नहीं।

(नेशनल दुनिया, 17.09.2013)

□

पुल नहीं, खाई है धारा 370

पिछले दिनों एक छोटी सी खबर शायद लोगों का ध्यान नहीं खींच पाई, करीब दो हफ्ते पहले फिल्मकार विशाल भारद्वाज कश्मीर के श्रीनगर के आस-पास शेक्सपियर के प्रसिद्ध नाटक पर अपनी फिल्म 'हैदर' की शूटिंग कर रहे थे। फिल्म में तिरंगा लहराने और भारतमाता की जय बोलने के कुछ दृश्य फिल्माए जा रहे थे कि एक भीड़ ने इसका विरोध करते हुए उपद्रव शुरू कर दिया और अंततः शूटिंग रोकनी पड़ी। जम्मू-कश्मीर में धारा 370 पर बहस के लिए नरेंद्र मोदी के आह्वान के बीच इस खबर पर गौर किया जाना चाहिए कि भारत के एक राज्य में तिरंगे और भारतमाता की जय के विरोध के निहितार्थ क्या हैं ? कांग्रेस से लेकर नेशनल कॉन्फ्रेंस तक तमाम कथित सेक्युलर दलों के नेता मोदी पर हमलावर हो गए हैं। राज्य में कांग्रेस के सहयोग से सरकार चला रहे मुख्यमंत्री उमर अब्दुल्ला तो इस कदर बिफरे हुए हैं कि अपनी सबसे ताजा प्रतिक्रिया में उन्होंने भारत के साथ जम्मू-कश्मीर के विलय की परतें उधेड़ने की धमकी तक दे डाली है। उमर जब धारा 370 को भारत और कश्मीर घाटी के बीच पुल बताते हैं तो इससे यह चेतावनी भी साफ है कि यदि यह खत्म की गई, तो कश्मीर भी भारत से अलग हो जाएगा। जबकि उमर या उनके दादा शेख अब्दुल्ला से लेकर पिता फारुख अब्दुल्ला और उनकी नेशनल कॉन्फ्रेंस के दूसरे नेता जो भाषा बोलते रहे हैं या बोल रहे हैं, भारत से अलगाव की उस मनोवृत्ति को धारा 370 ने और मजबूत किया है। जम्मू-कश्मीर को विशेष दर्जा देकर भारत के साथ उसके एकात्म संबंधों के बीच एक बड़ी खाई पैदा कर दी

गई, जिसने घाटी में अलगाववाद और पाकिस्तानपरस्त तत्त्वों को फलने-फूलने का मौका दिया।

महाराजा हरि सिंह का भारत संघ के साथ 27 अक्तूबर, 1947 को हुआ विलय समझौता अंतिम और असंदिग्ध है, उस पर सवाल खड़े करने की कोशिश का मतलब है कि कहीं-न-कहीं अंतश्चेतना में अलगाव की जड़ें अंकुरित हैं। अन्यथा एक संवैधानिक रूप से निर्वाचित मुख्यमंत्री देश की एकता-अखंडता पर सवाल खड़े कैसे कर सकता है ? नेशनल कॉन्फ्रेंस से लेकर पी.डी.पी. तक के नेता जो भाषा बोलते हैं, वह जतानेवाली है कि कश्मीर का भारत में विलय का फैसला किया जाना मानो भारत पर एहसान है। वे कहते हैं कि कश्मीर के सामने पाकिस्तान में विलय का विकल्प था, लेकिन उसे छोड़कर भारत में मिलना मंजूर किया। वे भूल रहे हैं कि हैदराबाद और जामनगर रियासतों के मुसलिम कर्ता-धर्ताओं ने पाकिस्तान में मिलने की जी-तोड़ कोशिश की, लेकिन जनभावनाओं के आगे उनके मंसूबे धरे रह गए। फैसला लेने का अधिकार सिर्फ जम्मू-कश्मीर रियासत के महाराज हरिसिंह को था, इन नेताओं या इनके पुरखों के पास नहीं। फिर कबायली हमले और प्रधानमंत्री जवाहरलाल नेहरू की जल्दबाजी व अदूरदर्शिता की बदौलत कश्मीर का जो हिस्सा पाकिस्तान ने हड़प लिया, आज उस पी.ओ.के. के हालात गवाह हैं कि वहाँ कश्मीर धरती का स्वर्ग नहीं रह गया है।

शेख अब्दुल्ला नेहरू से दोस्ती के चलते कश्मीर के सत्ता सूत्र अपने हाथ में लेने के लिए लालायित थे और हुआ भी वही। शेख को सत्ता सौंपने के लिए नेहरू का महाराजा हरि सिंह पर कितना दबाव रहा और अंततः महाराजा को कितनी अपमानजनक स्थितियों में अपनी रियासत तक छोड़ने को बाध्य किया गया, यह जाननेवाली पीढ़ी अब भी है। जाने-अनजाने धारा 370 कश्मीरियत का राग अलापनेवाले नेताओं को भारत का भयादोहन करने और धौंस दिखाने का अधिकार देती है। कश्मीर भारत का मुकुटमणि है और कश्मीरियत भारत की सुगंध, उसे भारतीयता से अलग पहचान देने का अर्थ है देश की एकात्मता से पृथक् अपनी खासियत बनाए रखने की कोशिश। कश्मीर से कन्याकुमारी तक भारत एक राष्ट्र है, जिसमें विभिन्न जाति, मत, पंथ, भाषा, खानपान और

वेशभूषा के हजारों रंग बिखरे हैं। यह हमारी समग्र राष्ट्रीय चेतना का अहसास है, उसे कश्मीरियत, पंजाबियत या बंगाली, बिहारी अस्मिता के रूप में अलग करके नहीं देखा जा सकता। जिस तरह आजादी के बाद पाँच सौ से ज्यादा रियासतों का भारत में विलीनीकरण हुआ, वैसे ही जम्मू-कश्मीर भी है, फिर इसका विशेष दर्जा बनाए रखने का औचित्य क्या है? इसकी आड़ में अपने निहित राजनीतिक स्वार्थों की पूर्ति करनेवाला वर्ग ही इसका पैरोकार है। देश के अन्य राज्यों के मुकाबले आबादी के अनुपात में कम होने के बावजूद जम्मू-कश्मीर को भारत सरकार से सबसे ज्यादा अनुदान मिलता है। फिर भी बेरोजगारी और मुफलिसी लगातार बढ़ रही है। विडंबना तो यह है कि राज्य का मतलब केवल कश्मीर घाटी ही समझा जाता है। घाटी में खुशहली की तर्ज पर जम्मू और लद्दाख को इस विशेष दर्जे का लाभ क्यों नहीं मिल रहा। आबादी के अनुपात में ज्यादा होने के बावजूद जम्मू संभाग को घाटी के मुकाबले विधानसभा में कम प्रतिनिधित्व क्यों है? धारा 370 के तहत जिस सेकुलरिज्म के फलने-फूलने की बात उमर या उनके मंत्री और उनकी पार्टी के नेता करते हैं, वह केवल मुसलिम हितों के संरक्षण तक ही सीमित क्यों है? घाटी से जबरन भगाए गए लाखों कश्मीरी पंडितों का खयाल करना क्या सेकुलरिज्म की परिभाषा में नहीं आता? देश विभाजन के बाद पी.ओ.के. से राज्य में आए लाखों हिंदू जम्मू क्षेत्र में विस्थापित जीवन जी रहे हैं, उन्हें 66 साल बाद भी राज्य के नागरिक अधिकारों से क्यों वंचित रखा गया है? धारा 370 का लाभ तो पूरे राज्य के बाशिंदों को मिलना चाहिए। अरुण जेटली अगर कहते हैं कि धारा 370 कश्मीर में भारतीय नागरिकों के दमन और भेदभाव का साधन बन गई है, तो यह अब तक के अनुभवों का सार ही माना जाना चाहिए।

जिस दिन जम्मू की सभा में नरेंद्र मोदी के धारा 370 पर बहस के आह्वान के बीच लोग तिरंगा लहरा रहे थे और भारतमाता की जय बोल रहे थे, तब कुलगाम में अलगाववादी नेता सैयद अली शाह गिलानी की सभा में पाकिस्तान जिंदाबाद के नारे लग रहे थे और लोग पाकिस्तान का झंडा लहरा रहे थे। उमर इस बात पर खामोश हैं, लेकिन मोदी पर अभी तक बरस रहे हैं। धारा 370 ने ही मानसिकता में यह फर्क पैदा किया है। नेहरू की जिद और प्रतिष्ठा का

प्रश्न बना लिये जाने की वजह से कश्मीर में धारा 370 का प्रावधान वजूद में आया। हालाँकि बाद में उन्होंने स्वयं 27 नवंबर, 1963 को संसद् को आश्वस्त किया था कि यह धारा समय के चलते घिसते-घिसते अपने आप घिस जाएगी। लेकिन वैसा हुआ नहीं, उलटे यह प्रावधान जम्मू-कश्मीर के पूरे देश के साथ सहज रूप से जुड़ने में बाधा साबित हो रहा है। इन आशंकाओं के मद्देनजर ही संविधान सभा में यह मुद्दा उठने पर इसका पुरजोर विरोध हुआ था, जिसमें धारा 370 के विरुद्ध मौलाना हसरत मोहानी और डॉ. भीमराव अंबेडकर के स्वर सबसे तेज थे। बहस में इसकी भी विवेचना हो तो शायद लम्हों की खता सदियों की सजा न बन पाए।

(नेशनल दुनिया, 06.12.13)

□

सत्ता का दंभ और दुर्गा का संघर्ष

अकसर नौकरशाही और सत्ता राजनीति के गठजोड़ को लेकर सवाल खड़े किए जाते रहे हैं, लेकिन सच्चाई यह है कि कर्तव्यनिष्ठ और ईमानदार अधिकारियों को लगातार प्रताड़ना झेलनी पड़ती है। दागी नौकरशाह सत्ता के चहेते बने रहकर तरक्की-पर-तरक्की पाते जाते हैं। प्रकाश सिंह, किरण बेदी और अशोक खेमका जैसे अधिकारियों की एक लंबी कतार है, जिन्होंने विभागीय भ्रष्टाचार और गड़बड़ियों को रोकने में कर्तव्यनिष्ठा की बड़ी कीमत चुकाई है। इसकी सबसे ताजा मिसाल है गौतमबुद्धनगर (सदर) की एस.डी.एम. दुर्गाशक्ति नागपाल, जिन्होंने बेखौफ होकर अपनी पहली और मात्र दस महीने की पोस्टिंग में ही इलाके के खनन माफिया से घुटने टिकवा दिए। इस अभियान से खनन माफिया इतना बेचैन था कि उसने कुछ ऊपर के अधिकारियों और सरकार तक पहुँच रखनेवाले नेताओं से गुहार लगाकर खनन इंस्पेक्टर का तबादला करा दिया। आई.ए.एस. अधिकारी दुर्गा पर हाथ डालने के लिए ये लोग मौके की तलाश में थे, जो उन्हें एक धर्मस्थल की दीवार तोड़े जाने के रूप में मिल गया। इसकी आड़ लेकर दुर्गा को बिना किसी स्पष्टीकरण का मौका दिए और जाँच-पड़ताल के बिना निलंबित कर दिया गया। आश्चर्य तो यह है कि रात करीब डेढ़ बज़े उत्तर प्रदेश सरकार का यह आदेश उन तक पहुँचा।

अंधी सत्ता अँधेरे में वार करती है, क्योंकि उजाले का सामना करने का नैतिक साहस उसमें नहीं होता। लेकिन एक ईमानदार अधिकारी पर किया गया यह वार सत्ता पर भारी पड़ता दिख रहा है। राज्य की आई.ए.एस. एसोसिएशन, विपक्षी दल और अनेक प्रबुद्ध नागरिक विरोध में खड़े हो गए हैं। सरकार चारों

ओर से घिरने पर बचाव का रास्ता खोज रही है और शायद निलंबन वापसी के सम्मानजनक तरीके की तलाश में है। हरियाणा के एक वरिष्ठ आई.ए.एस. अधिकारी राज्य के भू-अर्जन व चकबंदी निदेशक अशोक खेमका का किस्सा ज्यादा पुराना नहीं है, जब यू.पी.ए. की अध्यक्ष सोनिया गांधी के दामाद और प्रियंका गांधी के पति रॉबर्ट वाड्रा के जमीन खरीद-बिक्री में गड़बड़ी पाकर उन्होंने वे सौदे रद्द कर दिए और किसी दबाव में झुके बिना उन्होंने अपना फर्ज निभाया। लेकिन केंद्र सरकार की सबसे ताकतवर हस्ती को नागवार गुजरनेवाली उनकी यह कर्तव्यनिष्ठा उन पर भारी पड़ी और 24 घंटे बीतते-बीतते उनका उस विभाग से तबादला कर दिया गया। सरकार, नेताओं और दूसरे ताकतवर लोगों की गलत बातों को न माननेवाले खेमका को अपनी नौकरी में करीब ढाई दर्जन बार तबादलों की मार झेलनी पड़ी है। लेकिन प्रताड़नाओं के बाद भी उन्होंने न अपनी राह छोड़ी और न झुके।

देश में आजादी के बाद जो तंत्र विकसित हुआ है, वह भ्रष्टाचार का पोषक ही ज्यादा दिखता है। संविधान की लोक कल्याणकारी राज्य की संकल्पना उसके दबाव में दम तोड़ती दिख रही है। दरअसल, स्वतंत्रता संग्राम के दौरान देशभक्ति और जनसेवा की भावना से ओतप्रोत राजनीति के जो सरोकार थे, वे देश की स्वाधीनता के बाद सत्तालोलुपता से ग्रसित होते चले गए। इसी वजह से महात्मा गांधी का 'न्यासी का सिद्धांत' कोई मानने को तैयार नहीं दिखा। नतीजतन राजनीति गांधी के विचार से भटककर सत्ता स्वार्थों के अँधेरों से लिपट गई। जहाँ उसने धीरे-धीरे व्यवस्था को अपनी लिप्साओं को पूरा करने का माध्यम बनाना शुरू कर दिया। आज सत्ता अधिष्ठान और प्रशासन तंत्र के चारों ओर लिपटी दिख रही भ्रष्टाचार की कालिख उसी का नतीजा है। इसीलिए इस तंत्र में वही फल-फूल सकता है, जो अपने जमीर को मारकर और सामाजिक सरोकारों को कूड़ेदान में फेंककर केवल अपने और अपनों के लिए जिए। कर्तव्यनिष्ठा, देशभक्ति, ईमानदारी और समाजसेवा जैसे गुणों को यह व्यवस्था पचा नहीं पाती है। इसीलिए चाहे इंजीनियर सत्येंद्र दुबे हों या इंडियन ऑयल के अधिकारी एस. मंजूनाथ अथवा आई.पी.एस. जिया उल हक, इन्हें कर्तव्यनिष्ठा की कीमत अपनी जान देकर चुकानी पड़ती है। न सरकारें इन्हें हिम्मत बँधाने

या भ्रष्ट तंत्र से जूझने की ताकत देने आगे आती हैं और न संविधान की शपथ लेकर कर्तव्यपालन का पाठ पढ़ानेवाली व्यवस्था।

सत्येंद्र दुबे की गुहार प्रधानमंत्री कार्यालय में दम तोड़ देती है और मंजूनाथ को मदद करने कोई तंत्र आगे नहीं आता। ऐसे में राष्ट्रीय राजमार्गों के निर्माण में ठेकेदारों, नेताओं और अफसरों की मिली-भगत से बेहिसाब धाँधली, पेट्रोलियम पदार्थों में मिलावट और बालू व पत्थर का अवैध खनन बेरोक-टोक बेइंतहा चलता रहता है। जबकि सुप्रीम कोर्ट तक ने अवैध खनन के खतरे से आगाह करते हुए इस पर रोक लगा रखी है, पर सत्ता का नशा उसे भी तवज्जो नहीं देता और कानून की आँखों में धूल झोंककर अपनी मंशा पूरी करने के लिए नए-नए रास्ते तलाश लेता है। इसके आड़े आनेवाली किसी भी कर्तव्यनिष्ठा और ईमानदारी को रौंदने में उसे जरा भी हिचक नहीं होती। उत्तराखंड की भयावह त्रासदी की पृष्ठभूमि में वर्षों से चल रहा यही अवैध खनन और प्रकृति को नोंचने-खसोटने की प्रक्रिया जिम्मेदार है, पर किसने इसकी परवाह की, न किसी सरकार ने और न प्रशासनिक व्यवस्था तंत्र ने। माफिया इनके संरक्षण में पलता रहा और अपनी व उनकी तिजोरियाँ भरता रहा। पर्यावरण प्रेमियों की चीत्कारें उनके अट्टहास के आगे दम तोड़ती रहीं। गौतमबुद्ध नगर में नोएडा-ग्रेटर नोएडा की सीमाओं से लगा हिंडन और यमुना नदी का तटीय इलाका अवैध खनन से पूरी तरह खोखला हो गया है। इससे जनजीवन को खतरा तो बढ़ ही रहा है, सरकारी खजाने को भी राजस्व की बेहिसाब क्षति हो रही है। इस पूरे नेटवर्क को दुर्गाशक्ति नागपाल ने चुनौती दे डाली और इसकी नकेल कसने की कोशिश की तो पूरा अमला बौखला गया और उन्हें रास्ते से हटाने के लिए निलंबन का सहारा लिया गया।

इस घटना ने साबित कर दिया है कि प्रदेश का राजनैतिक पर्यावरण बिगड़ रहा है। अखिलेश यादव मुख्यमंत्री के रूप में ताजा हवा का झोंका लेकर आए थे, लेकिन उनकी सरकार न तो कानून-व्यवस्था सँभालकर रख पाई और न सरकार की आड़ में पलनेवाले अनैतिक गठजोड़ की लगाम कस पाई। उनके एक साल के ही शासन में करीब 30 अधिकारियों को राजनीतिक कारणों से या तो निलंबित या स्थानांतरित किया गया। नतीजतन नौकरशाही के एक तबके का वैसा ही चापलूस चेहरा उनकी सरकार में भी फल-फूल रहा है, जो उनकी

पूर्ववर्ती मायावती की सरकार में झुककर मुख्यमंत्री के सैंडिल साफ करने से भी परहेज नहीं करता था। दुर्गा शक्ति नागपाल ने जरूर यह याद दिलाने की कोशिश की है, अपनी बलि चढ़ने की आशंकाएँ भी उन्हें डिगा न सकीं। ऐसे ही अधिकारियों के राजनीतिक लिप्साओं का शिकार होते देख आजादी के पहले गांधी ने और आजादी के बाद जे.पी. ने '74 के आंदोलन में सिविल नाफरमानी का आह्वान किया, ताकि उनकी नैतिकता तथा हिम्मत और मजबूत हो।

(नेशनल दुनिया, 31.07.2013)

□

मुलायम मुद्दे पर सियासी परिक्रमा

लगता है, मुलायम सिंह यादव एक बार फिर राम मंदिर आंदोलन के टकराव को दोहराने पर आमादा हैं। विश्व हिंदू परिषद् की 84 कोसी परिक्रमा पर पाबंदी लगाकर उनकी पार्टी की सरकार 1990 की 'अयोध्या में परिंदा भी पर नहीं मार सकता' की मुद्रा में आ गई है। कहीं ऐसा न हो कि जैसे उस समय अयोध्या में देश भर से उमड़े कारसेवकों के सैलाब ने सरकार की सारी चेतावनियों और गोलियों की परवाह नहीं की, भले ही करीब डेढ़-दर्जन कारसेवकों को बलिदान देना पड़ा, वैसी ही दुर्भाग्यपूर्ण स्थितियाँ फिर बनें, क्योंकि सरकार कह रही है कि किसी ने प्रतिबंध तोड़ने की कोशिश की तो सख्त कार्रवाई होगी और वि.हि.प. ने हर हाल में यात्रा पूरी करने का ऐलान करते हुए कहा है कि यदि जबरन इस यात्रा को रोकने की कोशिश हुई, तो इसके देश भर में दुष्परिणाम होंगे। जहाँ सरकार ने प्रस्तावित यात्रा में आनेवाले छह जिलों में धारा 144 लागू कर दी है, वहीं वि.हि.प. नेता यात्रा के लिए देश भर के संत-महात्माओं को बड़ी संख्या में जुटाने में लगे हैं।

वि.हि.प. संरक्षक अशोक सिंहल का यात्रा रोकने की कोशिश के खतरनाक नतीजों की चेतावनी देते हुए यह कहना कि यात्रा के लिए मुलायम सिंह से प्रतिनिधिमंडल के मिलने पर हुई बातचीत से यह उम्मीद कतई नहीं थी कि सरकार इसकी इजाजत नहीं देगी, अचानक पाबंदी कई सवाल खड़े करती है। वि.हि.प. प्रतिनिधिमंडल से मुलायम की जैसी सौहार्दपूर्ण बातचीत हुई, उसमें ऐसे टकराव की आशंका बिल्कुल नहीं दिखी, लेकिन सिंहल और मुलायम की मुलाकात पर प्रदेश सरकार के ताकतवर मंत्री आजम खाँ के

आँखें तरेरने और परोक्ष रूप से मुलायम को चेतावनी देने से हालात एकदम बदल गए।

आजम खाँ का यह कहना कि अयोध्या में विवादित ढाँचा गिरानेवालों से हाथ मिलाने का मुसलिमों में गलत संदेश जाएगा और अशोक सिंहल जैसों को मुलायम सिंह का इतना महत्त्व देना उचित नहीं है, वोट की राजनीति की ओर इशारा करता है। जाहिर है मुलायम मुसलिम मतदाता को नाराज करने की कीमत पर कोई फैसला नहीं कर सकते। वैसे भी स.पा. में आजम खाँ और दिल्ली की जामा मसजिद के इमाम अहमद बुखारी की रस्साकसी और फिर बुखारी के मुलायम के विरोध में उतर आने से स.पा. को एकजुट मुसलिम समर्थन में यह दरार पड़ी है। इससे साफ है कि आगामी लोकसभा चुनाव में 'किंग मेकर' की भूमिका में आने के लिए मुलायम मुसलिमों को नाराज करने का कोई खतरा नहीं उठाना चाहते।

यहाँ तक कि गौतमबुद्ध नगर की आई.एस. अधिकारी दुर्गाशक्ति नागपाल को रेत खनन माफिया के खिलाफ सख्त कार्रवाई से नाराज कुछ स.पा. नेताओं और माफिया के दबाव में निलंबित किया गया, लेकिन आड़ ली गई एक निर्माणाधीन धर्मस्थल की दीवार गिराए जाने की। जबकि डी.एम. और एल.आई.यू. की रिपोर्ट तक सरकार के इस आकलन से इत्तेफाक नहीं रखती। देवबंद तक से यह आवाज उठी है कि सरकार दुर्गाशक्ति के मामले में मुसलमानों की आड़ में राजनीति कर रही है। जब मुसलमानों को खुश करने का स.पा. सरकार का हर दाँव उलटा पड़ रहा है तो आजम खाँ के दबाव में आकर अचानक 84 कोसी यात्रा पर पाबंदी लगाना आश्चर्यजनक नहीं है। लेकिन यह एक निर्वाचित सरकार का लोकतांत्रिक फैसला कतई नहीं कहा जा सकता, क्योंकि एक धर्मनिरपेक्ष राज्य में सबको अपने विश्वास के अनुसार धार्मिक गतिविधियों की छूट होती है, फिर हिंदू गतिविधियों को सांप्रदायिक या शांति भंग होने की आशंका बताकर कैसे रोका जा सकता है ?

यदि यात्रा निकलने पर वाकई कोई गड़बड़ी होती है तो सरकार के पास उसे रोकने के तमाम प्रशासनिक उपाय हैं। क्या सरकार प्रशासनिक रूप से अक्षम है, जो आशंकाओं से डरकर फैसले लेती है। यह यात्रा रोकने का एक बहाना भर है।

बहुसंख्यकों और अल्पसंख्यकों के लिए किसी लोकतांत्रिक सरकार के दो पैमाने नहीं हो सकते। यदि हैं तो यह सिर्फ वोट की राजनीति है। यदि भा.ज.पा. राष्ट्रीय स्वयंवेक संघ और वि.हि.प. पर समाजवादी पार्टी आगामी लोकसभा चुनाव को लेकर राम मंदिर की राजनीति कर वोट के लिए हिंदुओं के ध्रुवीकरण का आरोप लगाती है, तो उसकी सरकार भी तो मुसलिम तुष्टीकरण के लिए यही सब कर रही है। राज्य सरकार ने तीन दिन पहले ही 30 विभागों की 85 योजनाओं में अल्पसंख्यकों के लिए 20 प्रतिशत आरक्षण कोटा तय करके अपनी मंशा साफ कर दी है। कहा भले ही जा रहा हो कि इसका लाभ मुसलमानों के अलावा सिख, ईसाई, पारसी, बौद्ध और जैन समुदायों को भी मिलेगा, लेकिन यह किसी से छिपा नहीं है कि उत्तर प्रदेश में अल्पसंख्यकों के नाम पर मुसलिम राजनीति ही होती है।

वैसे भी सरकार ने इस योजना के लिए 25 फीसदी अल्पसंख्यकों वाले क्षेत्रों का जो पैमाना तय किया है, उसमें ज्यादातर मुसलिम आबादीवाले क्षेत्र ही हैं। आजम खाँ इस पर क्यों नहीं बोलते कि सरकार बहुसंख्यक हितों की अनदेखी क्यों कर रही है। उनकी नजर में बहुसंख्यक हितों की बात करना तो सांप्रदायिकता है और अल्पसंख्यकों के नाम पर मुसलिम तुष्टीकरण की राजनीति सेक्यूलरिज्म है। दरअसल जिस व्यक्ति ने भारत माता को 'डायन' कहकर अपनी मजहबी राजनीति परवान चढ़ाई हो, उससे आप एक मंत्री के रूप में व्यापक सोच की उम्मीद भी कैसे कर सकते हैं। अपनी इसी 'ताकत' से वह मुलायम सिंह को डराकर रखते हैं, अन्यथा आजम की आक्रामकता और तीखेपन से आजिज मुलायम उन्हें गले लगाकर रखने को मजबूर न होते। यदि वि.हि.प. के नेता सरकार के इस कदम को असंवैधानिक, अलोकतांत्रिक और हिंदुओं के धार्मिक अधिकारों का हनन बता रहे हैं तो इसमें गलत क्या है? सरकार की सोच तो इससे स्पष्ट है कि यात्रा की इजाजत न देने के फैसले को सही बताते हुए वरिष्ठ मंत्री शिवपाल सिंह यादव कह रहे हैं कि सरकार सांप्रदायिकता तो कतई बरदाश्त नहीं करेगी। यानी हिंदू धार्मिक यात्रा सांप्रदायिक गतिविधि है।

सरकार की इसी सोच के कारण राज्य में मजहबी उन्माद इस कदर भड़का है कि उसके एक वर्ष के शासन में ही करीब दो दर्जन सांप्रदायिक हिंसा की

घटनाएँ हो चुकी हैं। एक समुदाय के कुछ लोग अपने को सरकार का संरक्षण महसूस कर दंगाई गतिविधियों को बेखौफ अंजाम देने में जरा भी नहीं हिचकते।

सरकार सारे नियम-कायदों को ताक पर रखकर उस समुदाय के आतंकवाद के आरोपी युवकों को न्याय दिलाने के नाम पर केस वापस लेने को तत्पर है, भले ही हाईकोर्ट की उसे फटकार ही क्यों न पड़ रही हो। ऐसे में सरकार की विश्वसनीयता, नीयत और उसकी प्रशासनिक क्षमताओं पर सवाल उठने स्वाभाविक हैं। शासन करते समय कोई भी सरकार यदि संकीर्ण मजहबी भेदभाव से ऊपर उठकर काम नहीं करेगी तो उसका यही नतीजा होगा। सरकार का खुलकर किसी एक समुदाय के पक्ष में दिखना या वोट के लिए उसके हाथों में खेलना न तो संवैधानिक है और न लोकतांत्रिक। लोकतंत्र अल्पसंख्यक-बहुसंख्यक राजनीति की अवधारणा पर नहीं चलता, बल्कि सबको समान अवसर और सबके हितों की रक्षा के सिद्धांत पर फलता-फूलता है। हिंदू हितों और भावनाओं की आवाज उठाना सांप्रदायिक और अल्पसंख्यक मुसलमानों के हितों व भावनाओं को संरक्षण देना सेक्युलर कहा जाना लोकतांत्रिक ईमानदारी तो कतई नहीं कही जा सकती।

(नेशनल दुनिया, 24.08.2013)

□

राजनीति के लिए देशहित पर दाँव

इशरतजहाँ मुठभेड़ मामले में केंद्र सरकार पर जहाँ नरेंद्र मोदी को फँसाने के आरोप लग रहे थे, वहीं अब वह खुद अपने ही दो अहम विभागों खुफिया ब्यूरो (आई.बी.) और सी.बी.आई. की तकरार में उलझी दिख रही है। सी.बी.आई. ने अहमदाबाद में 15 जून, 2004 को हुई मुठभेड़ को फर्जी बताते हुए 9 साल बाद जो चार्जशीट दाखिल की है, उसी पर सवाल उठ रहे हैं। लेकिन सबसे आश्चर्यजनक तो यह है कि केंद्र में सत्तारूढ़ कांग्रेस के महासचिव दिग्विजय सिंह ने ही बड़ा महत्त्वपूर्ण सवाल खड़ा कर दिया है कि यह सच्चाई सामने आनी चाहिए कि मुठभेड़ में मारी गई इशरतजहाँ आतंकवादी थी या नहीं। चार्जशीट इस बारे में पूरी तरह मौन है। उसने इस अहम सवाल का भी जवाब ढूँढ़ने की कोई कोशिश नहीं की। सी.बी.आई. जब गुजरात हाईकोर्ट के निर्देश पर मुठभेड़ की जाँच कर रही है तो उसने इन तथ्यों को सामने लाने से क्यों परहेज किया कि इशरत व उसके साथी कौन थे और मुठभेड़ क्यों की गई, यानी मुठभेड़ का मकसद क्या था? आई.बी. से मिली सूचना के आधार पर कि चार आतंकी गुजरात के मुख्यमंत्री नरेंद्र मोदी की हत्या करने के मकसद से सक्रिय हैं, गुजरात पुलिस ने कार्रवाई की। इसमें मुख्यमंत्री बीच में कहीं नहीं थे, फिर मोदी के खिलाफ दुष्प्रचार का मतलब क्या है? यदि कुछ है तो सी.बी.आई. ने मोदी की भूमिका को रेखांकित क्यों नहीं किया?

आई.बी. की सूचना के आधार पर हुई इस मुठभेड़ के बारे में तो दो महीने बाद ही केंद्र सरकार का गृह मंत्रालय हाईकोर्ट में दायर हलफनामे में यह स्वीकार कर चुका था कि इशरत समेत मारे गए चारों लोग लश्कर ए

तैयबा के आतंकवादी थे। हालाँकि दो सप्ताह बाद ही राजनीतिक दबाव में गृह मंत्रालय ने अपना हलफनामा बदल दिया और उसमें आई.बी. की सूचनाओं को आधी-अधूरी बताया। हलफनामा क्यों बदला, यह महत्त्वपूर्ण सवाल है। क्या सी.बी.आई. इस पर रोशनी डालेगी? आई.बी. की सूचनाओं पर ही प्रश्न-चिह्न लगाकर क्या केंद्र सरकार ने देश के खुफिया तंत्र को ही कठघरे में खड़ा नहीं कर दिया?

राष्ट्रीय जाँच एजेंसी ने भी अमेरिका द्वारा गिरफ्तार आतंकी डेविड हेडली के हवाले से इशरत को लश्कर की आतंकवादी बताया था। सी.बी.आई. मान रही है कि इशरत के तीन साथियों में से एक जावेद शेख तस्करी और नकली मुद्रा के कारोबार से जुड़ा था। अन्य दो पाकिस्तानी आतंकवादी अमजद अली राना और जीशान जौहर कश्मीरी अलगाववादियों से जुड़े थे। हालाँकि सी.बी.आई. इन दोनों को पाकिस्तानी मानने से हिचक रही है और इन्हें कश्मीरी युवक बता रही है, लेकिन इसका उसके पास कोई सबूत नहीं है। तत्कालीन केंद्रीय गृह सचिव आर.के. सिंह ने आई.बी. का पक्ष लेते हुए कहा था कि इशरत की तो सब बातें कर रहे हैं, लेकिन उसके साथ मारे गए दोनों पाकिस्तानी आतंकियों के बारे में कोई क्यों नहीं बोलता? लेकिन सी.बी.आई. ने चार्जशीट में इन चारों के बीच रिश्तों को लेकर भी चुप्पी साधी है। यदि मान भी लिया जाए कि राज्य सरकार के कुछ दुराग्रह इस मुठभेड़ से जुड़े थे तो इससे कैसे इनकार किया जाएगा कि आई.बी. और केंद्र सरकार इसमें लिप्त थीं।

आई.बी. तो इस पूरे मामले की मुख्य सूत्रधार थी और घटना के समय केंद्र में कांग्रेस के नेतृत्ववाली संप्रग की सरकार थी, तो वह स्वयं भी कठघरे में खड़ी है। सी.बी.आई. जिस तरह मुठभेड़ को फर्जी बता रही है, लेकिन उसकी जाँच खुद में एक फर्जीवाड़ा दिखती है, क्योंकि कई महत्त्वपूर्ण तथ्यों को छिपाने की कोशिश साफ दिख रही है। आखिर क्यों सी.बी.आई. बार-बार कह रही है कि इस मामले में उस पर कोई राजनीतिक दबाव नहीं था, उसका ऐसा कहना ही संदेह पैदा करता है कि वह दबाव में काम कर रही है।

पिछले दिनों भ्रष्टाचार के मामलों में केंद्र सरकार द्वारा सी.बी.आई. का इस्तेमाल कर स्टेटस रिपोर्ट तक में हेर-फेर करने का मामला सामने आया और

सुप्रीम कोर्ट को फटकार लगाकर कहना पड़ा कि सी.बी.आई. के तोते को सरकारी पिंजरे से मुक्त किया जाए।

इसलिए सी.बी.आई. की भूमिका संदेह से परे कैसे देखी जाए? इस मामले में मुठभेड़ से जुड़े महत्त्वपूर्ण तथ्यों, जैसे उसके मकसद और मारे गए लोगों के अतीत को वह क्यों नजरअंदाज कर रही है? आश्चर्यजनक तो यह है कि राजनीतिक खेल में सरकार यह भी भूल रही है कि सी.बी.आई. द्वारा आई.बी. को निशाने पर लेने से खुफिया एजेंसी के मनोबल पर क्या असर पड़ेगा, जब न केवल उसकी जाँच-पड़ताल पर खुद सरकार की ही दूसरी एजेंसी उँगली उठा रही हो, बल्कि उसके विशेष निदेशक तक को कठघरे में खड़ा करने की कोशिश हो रही हो। इससे तो भविष्य में कोई महत्त्वपूर्ण खुफिया जानकारी मिलने पर आई.बी. के अधिकारी उसे राज्यों को देने से कतराएँगे। उन्हें डर बना रहेगा कि न जाने कब उनकी ही गरदन नप जाए। अगर आई.बी. वास्तव में दोषी है तो गृह-मंत्रालय उसके विशेष निदेशक राजेंद्र कुमार को क्यों बचा रहा है?

मंत्रालय की ओर से कहा जा रहा है कि वह राजेंद्र कुमार के साथ खड़ा है। वाकई आई.बी. के अधिकारी गुजरात सरकार और राज्य पुलिस के इस तथाकथित षड्यंत्र में शामिल थे तो यह सामने आना भी जरूरी है कि वे कौन से हालात थे, जिनमें आई.बी. को ऐसा करने को मजबूर होना पड़ा। यह महत्त्वपूर्ण एजेंसी राष्ट्रीय और आंतरिक सुरक्षा से सीधी जुड़ी है, वहीं संदेह के घेरे में रहेगी, तो उसके निष्कर्षों से देश के लिए कितना खतरा बढ़ेगा, यह समझा जा सकता है। इसलिए इशरत मुठभेड़ मामले को राजनीतिक नफा-नुकसान के बजाय देशहित के नजरिए से देखा जाना चाहिए और उसी को सामने रखकर दूध-का-दूध और पानी-का-पानी किया जाए। एक राजनीतिक प्रतिद्वंद्वी को घेरने के लिए देशहित को दाँव पर लगाने का संदेश जाएगा तो इसमें आतंकियों के हौसले और बढ़ेंगे, जो आए दिन देश में धमाके और हत्याएँ कर रहे हैं।

दो दिन पहले बिहार के बोध गया जैसे विश्व विरासत की श्रेणी में आनेवाले प्रमुख तीर्थस्थान को आतंकियों ने निशाना बनाया है। पिछले हफ्ते कश्मीर घाटी में प्रधानमंत्री मनमोहन सिंह और संप्रग अध्यक्ष सोनिया गांधी के दौरे के दो दिन पहले पुलिस और सुरक्षा बलों पर हमला कर आतंकवादियों ने दस जवानों

को मार डाला। इन चुनौतियों से निपटने के बजाय यदि राजनीतिक प्रतिद्वंद्विता में ही सारी ऊर्जा लगाई जाएगी तो आतंकियों के हौसले और बढ़ेंगे ही। यह तो राजनीतिक हितों के लिए देशहित को दाँव पर लगाना हुआ।

(नेशनल दुनिया, 09.07.2013)

□

राजनीति में कौन करेगा उम्र का खयाल

मेरठ में संघ शिक्षा वर्ग के समापन पर राष्ट्रीय स्वयंसेवक संघ के सरसंघचालक मोहनराव भागवत की उपस्थिति में मंच से उठी आवाज ने फिर यह बहस तेज कर दी है कि उम्रदराज लोगों को राजनीति से संन्यास लेकर युवाओं को आगे आने के लिए रास्ता छोड़ना चाहिए। समारोह की अध्यक्षता कर रहे सेवानिवृत्त न्यायाधीश जस्टिस नरेंद्र स्वरूप गुप्ता ने कहा कि देश की राजनीति में युवाओं को प्राथमिकता देनी चाहिए और उम्रदराज लोगों को सक्रिय राजनीति में नहीं रहना चाहिए। भागवत की उपस्थिति में कही गई इस बात के भले ही तात्कालिक निहितार्थ तलाशने की कोशिश हो और उसे भा.ज.पा. के वरिष्ठ नेता लालकृष्ण आडवाणी से जोड़कर देखा जाए, लेकिन यह बहस पुरानी है और बीच-बीच में नए कलेवर के साथ सामने आती रहती है।

जब सरकारी विभाग में छोटी या बड़ी कोई कुरसी सँभालनेवाले व्यक्ति की सेवा की आयु सीमा तय है तो 'देश सेवा' करनेवालों की क्यों नहीं? एक व्यंग्यकार ने इसे कुछ यों कहा, "जिन्हें एक कुरसी चलानी है, वे 60 पर बेकार और जिन्हें देश चलाना है, वे 80-90 तक टनाटन।" वैसे देशसेवा की कोई उम्र नहीं होती, लेकिन वह देशसेवा हो तो। महात्मा गांधी करीब 80 की उम्र तक सेवा करते रहे, जब साँसें थमीं, तभी उनके कार्य को विराम मिला। लेकिन यह देशसेवा या समाजसेवा सत्ता-लिप्सा की नहीं थी। जब उनके वारिस देश की आजादी के बाद सत्ता के जश्न में मशगूल थे, तब वह 80 साल का बुजुर्ग नोआखाली में वहशियों के बीच शांति और सद्भाव के प्रयासों में जुटा था। देशवासियों का एक-दूसरे के खून का प्यासा होना, उसे अंदर तक झकझोर गया

कि क्या आजादी इसके लिए है कि हम एक-दूसरे का खून बहाएँ। जिन गांधी को देशवासियों ने 'साबरमती के संत तूने कर दिया कमाल' गा-गाकर सिरमौर बना दिया, वह सत्ता के शीर्ष पर विराजने का लोभ संवरण कर जनता का दुःख-दर्द बाँटने के लिए दौड़ पड़े। आज तो सत्ता के लिए कई नेता एक-दूसरे का खून बहाने के लिए लोगों को उकसाते हैं, ताकि झगड़े की उस आग में वोट की रोटियाँ सेंक सकें। क्या यही है देश या जनता की सेवा?

गांधी ने अभावग्रस्त दीन-दरिद्रों की पीड़ा देखकर पूरे कपड़े तक पहनना छोड़ दिया और एक लँगोटी ही उनकी पूँजी बनकर रह गई। लेकिन आज राजनीति में 'सेवा के नाम पर मेवा' इस कदर बिखरी पड़ी है कि कितने ही छुटभैए जिनकी कल तक स्कूटर पर चढ़ने की भी हैसियत नहीं थी, 'जनसेवा' करते-करते वे पार्षद से एम.एल.ए., एम.पी. और मंत्री बन गए। नतीजतन आज वे लग्जरी विदेशी गाड़ियों में घूमते हैं और शानदार कोठियों व करोड़ों-अरबों के धन के मालिक हैं। राजनीति में ऐसे लोगों की संख्या लगातार बढ़ रही है, यहाँ तक कि संसद् और विधानसभाओं में निर्वाचित बड़ी संख्या में प्रतिनिधि ऐसे हैं, जो या तो हिस्ट्रीशीटर हैं या अपराधियों की सूची में जिनके नाम दर्ज हैं। राजनीति इनके लिए दुधारू गाय बन गई है। इसीलिए आए दिन एक-से-एक बड़े भ्रष्टाचार के कारनामे सामने आते हैं और उनमें मंत्रियों तक को जेल होती है। गांधीजी ने सत्ता के इस चरित्र को भाँपकर ही न्यासी का सिद्धांत सामने रखा, लेकिन उनके वारिसों ने ही उसकी अनदेखी की और देखते-देखते राजनीति में सत्तालिप्सा इस कदर बढ़ती गई कि न्यासी तो छोड़िए, नेता सत्ता के साथ देश के भी मालिक बन बैठे। यह कैसी जनसेवा है कि जिस जन की सेवा की जाती है, वह तो कराह रहा है और 'सेवक' गुलछर्रे उड़ा रहा है। ऐसी 'सेवा' को कोई अंतिम साँस तक भी हाथ से क्यों जाने देगा और क्यों अपने जीते जी दूसरों के लिए रास्ता बनाएगा? रास्ता मिलेगा तो भी उनकी अपनी संतानों को या थोड़ा-बहुत बच गया तो चहेतों को।

बूढ़ों की जब बात हो तो जयप्रकाश नारायण को कैसे भुलाया जा सकता है। उनके सामने कई मौके आए बड़े पदों पर बैठने के, लेकिन उन्होंने हमेशा उसे नकारा, क्योंकि उनकी नजर में पद ही राजनीति या जनसेवा का माध्यम

नहीं हो सकते। राष्ट्रपति के पद पर बैठा व्यक्ति भी अगर कहे कि 'उसकी नेता कहें तो वह झाड़ू भी लगा सकते हैं,' तो पद की गरिमा कहाँ बची और ऐसा व्यक्ति क्या जनसेवा करेगा? ऐसे लोगों के लिए राजनीति सिर्फ सत्ता का व्यापार है और व्यापारी कहाँ रिटायर होता है। व्यवसाय में भी रतन टाटा और नारायण मूर्ति जैसे बिरले उदाहरण मिलेंगे, जो समय रहते अपना दायित्व उत्तराधिकारी को सौंप देते हैं। संपूर्ण क्रांति आंदोलन और आपातकाल के बाद दूसरी आजादी जैसा इतिहास रचकर भी जे.पी. सत्ता से निरपेक्ष ही रहे। कोई प्रलोभन उन्हें लुभा नहीं सका। यह अलग बात है कि उनके उत्तराधिकारी या वारिस कहे जानेवाले लोग सत्ता-लिप्सा में एक-दूसरे के ही दुश्मन बन गए और वह उद्‌देश्य ही नष्ट हो गया, जिसके लिए जे.पी. खपे। उस आयु में भी गांधी या जे.पी. इसलिए प्रेरणास्रोत बने रहे, क्योंकि वे देश के लिए, आनेवाली पीढ़ियों के लिए और देशवासियों के भविष्य के लिए सोचते थे, सत्ता की चाह में उन्होंने राजनीति नहीं की। राजनीति उनके लिए देश और जनसेवा का पवित्र उपकरण थी। अण्णा हजारे को देखिए, 75 से ऊपर के इस वृद्ध ने भ्रष्टाचार के खिलाफ लड़ाई में मानो पूरे देश, विशेषकर नौजवानों को गोलबंद कर दिया और सत्ता के हाथ-पाँव फूल गए, लेकिन जब सत्ता की राजनीति की बात आई, तो वह अपने सहयोगियों के आग्रह के सामने नहीं झुके। यही 'स्टेट्‌समैन' की पहचान है कि वह राजनीति में रहकर भी सत्ता या पद की लालसा से कुछ नहीं करता। देश का हित, देशवासियों का भविष्य और भावी पीढ़ी की चिंता ही उसे क्रियाशील रखती है। नानाजी देशमुख ने 60 साल की उम्र होते ही अपने राजनीतिक कॅरियर के उत्कर्ष पर घोषणा कर दी कि अब राजनीति नहीं, केवल देशसेवा और समाज के अंतिम पायदान पर खड़े गरीबों और गाँव के उत्थान के लिए काम। कोई प्रलोभन, कितने ही अनुरोध नानाजी को अपने संकल्प से डिगा नहीं पाए। गोंडा हो या चित्रकूट, नानाजी ने जो किया, वह सेवा के क्षेत्र में मील का पत्थर बन गया। आज सत्ता से जुड़े पद या उनकी लिप्सा कब्र में पैर लटके होने के बाद भी पीछा नहीं छोड़ती तो इसीलिए कि एक लंबे दौर की सक्रिय राजनीति के बाद भी लोग स्टेट्‌समैन की भूमिका में नहीं आना चाहते, क्योंकि वहाँ त्याग है, सेवा है, जबकि सत्ता की राजनीति में माल है, पद है,

ठकुरसुहाती है, मुगालते में रखनेवाले चमचों की फौज है। कई उच्च मानदंडों पर चले नेता भी इस प्रलोभन से बचने की हिम्मत नहीं कर पाते। 70 के पार भी इस लिप्सा से चिपके रहने की चाह उनके जीवन भर की पुण्यायी को नष्ट कर उन्हें गर्त में लटकाए रखती है। कम-से-कम संघ की प्रेरणा से राजनीति में अपने को सेवा के अधिष्ठान पर खड़ा बतानेवाले लोग तो कोई आदर्श सामने रखें, जैसा नानाजी ने किया।

(नेशनल दुनिया, 21.06.2013)

□

धर्म के संस्कार से लक्ष्मी की शोभा

भारत त्याग और वैराग्य की सांस्कृतिक परंपरावाला देश है। इसका यह मतलब कतई नहीं कि यह भूखे-नंगों का देश है; जैसा कि विदेशी इतिहासकारों ने भारत की छवि 'मदारियों और सपेरों के देश' की बनाने की कोशिश की। भारत को 'सोने की चिड़िया' कहा जाता था, यानी समृद्धि के शिखर पर था यह देश। त्याग और वैराग्य तो मानवता की सेवा के उपकरण हैं, जो धन से उपजे स्वार्थ और विलासिता के भाव को संयमित कर हमें दूसरों के प्रति संवेदनशील बनाते हैं और उनके दुःख-दर्द के लिए हमारे हृदय के द्वार खोलते हैं।

इसीलिए भारत के त्याग और वैराग्य की परंपरा का उपासक होने पर भी ऋग्वेद में 'श्रीसूक्त' की रचना की गई, ताकि हर घर धन-धान्य से भरा रहे और चारों ओर सुख-समृद्धि लहलहाए।

दुर्गा सप्तशती में महिषासुर-वध के बाद देवताओं ने देवी दुर्गा की स्तुति में कहा—

तस्य वित्तर्द्धिं विभवैर्धनदारादि संपदां
वृद्धयेअस्मत् प्रसन्ना त्वं भवेधा सर्वदाम्बिके

यानी अंबिके, आप भक्तों को वित्त, समृद्धि एवं वैभव दें और सदा हम पर प्रसन्न रहें।

त्याग और वैराग्य तो तभी सार्थक है, जब सब प्रकार से संपन्नता हो। जिसके पास कुछ है ही नहीं, वह क्या त्याग करेगा? इसलिए भारत का दर्शन गरीबी का नहीं, समृद्धि का है; भूखे-नंगों का नहीं, बल्कि अपनी संपदा लुटाकर

दरिद्र नारायण की सेवा करने का है। इतिहास में उल्लेख आता है कि सम्राट् हर्ष का, जो हर 12 वर्ष बाद कुंभ में अपनी सारी धन-संपत्ति दान कर देते थे। भारत की शासन व्यवस्था का यही आदर्श है कि राजा सिर्फ न्यासी होता था, स्वामी नहीं। इसलिए राजा को प्रजावत्सल कहते थे, यानी अपनी संतान की तरह प्रजा का पालन करनेवाली शासन व्यवस्था, जिसे सत्ता का उपभोग नहीं माना जाता था। बल्कि वह लोक की आराधना थी। वाल्मीकि 'रामायण' में राम ने इसी का संकल्प लेते हुए कहा—

स्नेहं च दयाञ्च सौख्यं च यदि वा जानकीमपि
आराधनाय लोकस्य मुञ्चते नास्ति मे व्यथा।

यानी प्रजा की सेवा मेरे लिए लोक-आराधना है और इसके लिए मुझे अपने स्नेह, सौख्य व दया जैसे गुणों का तो क्या, जानकी का भी त्याग करना पड़े तो भी मुझे किंचित् कष्ट नहीं होगा। महात्मा गांधी ने रामराज्य के इसी आदर्श को स्वतंत्र भारत की शासन पद्धति का ध्येय बनाना चाहा, लेकिन विडंबना देखिए कि सत्ता लक्ष्मी यानी सरकारी खजाने की लूट का पर्याय बन गई। आजादी के बाद लक्ष्मी का आशीर्वाद रोटी-कपड़ा और मकान के रूप में जिन करोड़ों जरूरतमंद घरों तक पहुँचने की उम्मीद की जा रही थी, वहाँ तो लक्ष्मी के स्वागत में एक दीया तक जलाने की हैसियत नहीं रही और जनसेवा के नाम पर जो देश के मालिक बन बैठे, उनके चौबारों पर घी के दीये जलने लगे, वे धन कुबेर बनते चले गए।

भारत में लोकतंत्र राज्य-लक्ष्मी के अपहरण का पर्व भले ही बन गया हो, लेकिन जिन स्वामी विवेकानंद की डेढ़ सौवीं जयंती भारत मना रहा है, वे एक संन्यासी होकर भी 27 अक्तूबर, 1885 की संध्या को कलकत्ता में दक्षिणेश्वर के काली मंदिर में विश्व को धन-धान्य से भर देने की प्रार्थना कर रहे थे—

हे माँ, चमत्कार अपार जगत् रचना तोमार
शोभार आगार विश्व संसार
शोभे वसुंधरा धन-धान्य मय
होय पूर्ण तोमार भंडार।

इसी धन-धान्य की देवी लक्ष्मी का आह्वान ऋग्वेद के श्रीसूक्त में करते

हुए कहा गया है—

ॐ हिरण्यवर्णां हरिणीं सुवर्ण रजतास्त्रताम्।
चन्द्रां हिरण्यमयीं लक्ष्मीं जातवेदो मआवह॥

श्रीसूक्त की इन 15 ऋचाओं में अग्निदेव से प्रार्थना की गई है कि स्वर्णमय आभा से युक्त श्री यानी लक्ष्मी मेरे घर में निवास करें और जगत् का कल्याण करें। लक्ष्मी की संकल्पना केवल धन-संपदा के रूप में नहीं है, गुण-संपदा के रूप में भी है। इसीलिए धन-लक्ष्मी और राज्य-लक्ष्मी के अलावा लक्ष्मी का एक रूप यश-लक्ष्मी भी माना गया है। इन गुणों के बिना लक्ष्मी विनाश और पतन की ओर धकेलनेवाली माया बन जाती है। इसीलिए माया को महाठगिनी कहा गया है। गुण-धर्म का संस्कार न हो तो लक्ष्मीपति को कुमार्गगामी बनने में देर नहीं लगती। धन लोभ और अहंकार जगाता है और इस लोभ में व्यक्ति रिश्ते-नाते, लोक-लाज सब भूल जाता है। चाणक्य को 'कौटिल्य अर्थशास्त्र' में लिखना पड़ा 'वित्तातुराणां पिता न बंधु।' धन और संपत्ति की चाह में आज कितने रिश्तों का खून हो रहा है, यह हम रोज देख रहे हैं।

इसलिए हिंदू जीवन पद्धति में चार पुरुषार्थों का उल्लेख करते हुए अर्थ, यानी धन से पहले धर्म को रखा गया है—धर्म, अर्थ, काम, मोक्ष। धर्म का संस्कार लेकर लक्ष्मी का अर्जन करोगे तो वह तुम्हें सुख और कल्याण के मार्ग पर ले जाएगी। सेवा, त्याग और वैराग्य लक्ष्मी का ही रूप हैं। इन रूपों में ही लक्ष्मी की शोभा है, इनमें विरत होकर लक्ष्मी अधर्म और पाप की ओर ले जाती है।

इसलिए लक्ष्मी को गणेश और विष्णु के पार्श्व में रखा गया कि लक्ष्मी तो चंचला है, मन के संस्कार को भ्रष्ट कर सकती है, लेकिन गणेश बुद्धि और विवेक के देवता हैं, वे लक्ष्मी का नियमन करते हैं, उसे संस्कार में बाँधकर रखते हैं। बुद्धि भ्रष्ट हो गई हो तो लक्ष्मी उलटा असर दिखाकर कलमाड़ी, ए. राजा, लालू प्रसाद और मधु कौड़ा जैसे न जाने कितने लोगों को जेल का रास्ता दिखाकर अपयश के गर्त में धकेल देती है। विष्णु धर्म का स्वरूप माने जाते हैं। वाल्मीकि रामायण में विष्णु के अवतार श्रीराम को 'रामो विग्रहवान धर्मः' कहकर धर्म का मूर्त रूप बताया गया है। धर्म पूजा-पाठ नहीं होता, धर्म तो गुणों का समुच्चय है, जो मुनष्य जीवन की अवधारणा तय करता है। मनु महाराज ने मनुस्मृति में धर्म

के दस लक्षण बताए हैं—धैर्य, क्षमा, बुराइयों का शमन, ईमानदारी, शुचिता, इंद्रिय निग्रह, विवेक, विद्या, सत्य और अक्रोध। इन गुणों से युक्त व्यक्ति को धर्मावलंबी माना गया है। विष्णु इसी धर्म के प्रतीक हैं, उनका साथ देकर लक्ष्मी को धर्म का अवलंबन दिया गया है। तुलसी ने 'रामचरित मानस' में धर्म की बड़ी सुंदर व्याख्या की है—'परहित सरिस धर्म नहिं भाई, परपीड़ा सम नहिं अधमाई,' यानी दूसरों की भलाई करने से बड़ा धर्म और दूसरों को पीड़ा पहुँचाने से बड़ा अधर्म कोई नहीं। धर्म के संस्कार के बिना या गलत तरीकों से अर्जित लक्ष्मी कामनाओं की पूर्ति नहीं करती, बल्कि लिप्साओं-लालसाओं को बढ़ाती है और एक दिन ले डूबती है। बदनामी, यानी अपयश को हमारे यहाँ जीते-जी मौत माना गया है, इसलिए शास्त्रकारों ने कहा—'य: सकीर्ति स: जीवित:', यानी जिसका यश है, वही जीवित है। यही यश-लक्ष्मी है। लक्ष्मी की पूजा ही इसलिए होती है कि वह अपना खजाना सबको बाँटती है। घर-घर खुशियाँ बिखेरती घूमती है। इसलिए उसे 'चंचला' कहा गया। कुबेर तो खजाने पर कुंडली मारकर बैठे रहते हैं, उनकी पूजा कौन करता है ? बिल गेट्स ने संपत्ति का बड़ा हिस्सा परोपकार के लिए दे दिया तो उनकी जय-जयकार होने लगी। त्याग और वैराग्य, सद्‌गुण और सदाचार ही लक्ष्मी के आभूषण हैं। इनको दूर रखकर लक्ष्मी की उपासना और लक्ष्मी का संचय दोनों ही निरर्थक है।

(निवेश मंथन, अक्तूबर 2013)

□□□